KB070215

세상을 보는 뉴스

나남
nanam

김종국 (金鐘國)

서울에서 태어나 고려대 경제학과를 졸업하고 동대학 언론대학원 최고경영자 과정을
수료했다. 1981년 MBC에 입사해 기자, LA특파원, 사회부장, 경제부장, 정치부장, 기획
조정실장, MBC경남 · 대전MBC · MBC 사장을 역임했으며 '자랑스러운 고대 정경인상'
을 수상했다. 〈자연 다큐멘터리, 한국의 물고기〉, 〈그때를 아십니까〉, 〈시베리아 3만
리〉 등의 보도 프로그램 제작에 참여했다. 현재 고려대 미디어학부 기금교수(방송문화
진흥회 석좌교수 프로그램)로 재직 중이다.

나남신서 1907

세상을 보는 뉴스

2017년 3월 5일 발행
2017년 3월 5일 1쇄

지은이 · 金鐘國
발행자 · 趙相浩
발행처 · (주) 나남
주소 · 10881 경기도 파주시 회동길 193
전화 · (031) 955-4601 (代)
FAX · (031) 955-4555
등 록 · 제 1-71호(1979. 5. 12)
홈페이지 · http://www.nanam.net
전자우편 · post@nanam.net

ISBN 978-89-300-8907-4
ISBN 978-89-300-8001-9 (세트)

책값은 뒤표지에 있습니다.

나남신서 1907

세상을 보는 뉴스

김종국 지음

나남
nanam

1981년 1월 MBC 수습기자에서 출발해 여러 출입처와 부서를 이동하며 크고 작은 사건들을 경험했다. 그러다보니 33년이 흘렀다. 서정주 시인은 자신을 키운 건 8할이 바람이라고 말했지만 서른세 해 동안 나를 키운 것은 수많은 사건·사고였다.

입사 초기 사건기자로 사건현장과 경찰서를 쫓아다니다가 경제부로 옮겨 장영자 사건, 명성 사건을 취재했다. 보도특집부에서 기획뉴스와 해외특집을 제작했고, 경제부와 사회부에서 수도권 신도시 건설, 삼풍백화점 붕괴사건 현장 등을 취재했다. 또한 IMF 외환위기, 9·11 테러, 2002년 대통령 선거, 이라크 전쟁, 노무현 대통령 탄핵 사태, 광우병 사태 등 현대사의 많은 고비를 지나왔다.

정치적 격변과 경제위기, 대형사건·사고를 경험하며 터득한 것이 있다면 전체를 보는 시각이다. 눈에 보이는 사회현상은 물 밖에 나온 거대한 빙산의 일각일 뿐이다. 물속에 많은 이야기와 비밀이 숨어있다. 물 안팎의 빙산 전체를 볼 수 있어야 사건과 현상의 실체를 올바로 전달할 수 있다. 뉴스는 눈에 보이는 세상뿐만 아니라 눈에 보이지 않는 세상, 숨겨진 진실을 전달하는 일이기 때문이다. 뉴스는 세상의 참모습을 보여주는 '세상을 보는 뉴스'여야 한다.

이 책은 TV뉴스의 취재, 리포트 제작방법을 체계적으로 학습하는 안내서로 출간했다. 지난 2년간 대학에서 '방송뉴스 리포팅'에 관해 강의한 내용과 현장경험을 묶어 펴냈다. 방송 저널리스트를 지망하는 젊은이뿐만 아니라 현장기자, TV뉴스에 관심이 많은 일반 독자를 위해 썼다. 방송사에서 오래 일했던 사람으로서 현장지식을 정리해 다음 세대에게 넘겨주는 것이 중요한 책무라 생각했다.

이 책은 TV뉴스 리포트 구성에 초점을 맞췄다. 구성은 뉴스 리포트 내용을 설계하는 것을 말한다. 소설·드라마의 플롯, 건물의 설계와 같다. 현재 일어나는 사건과 현상을 현장감 있게 전달하고, 원인과 문제점을 분석하고, 문제해결책을 찾고, 미래를 전망하는 내용구성이 이 책의 핵심이다. 문제를 입체적으로 관찰하고 과학적, 심층적으로 분석해야 깊이 있는 뉴스를 제작할 수 있다. 리포트 제작에 필요한 내러티브 기사쓰기와 과학적 분석방법, 영상에 관해서도 다뤘다.

이 책은 모두 6부로 구성되었다.

제1부 'TV뉴스의 세계'에서는 TV뉴스의 세계에 관해 살폈다. TV뉴스의 영향력, 저널리즘 원칙, 방송기자가 갖춰야 할 자질에 관해 설명했다.

제2부 '취재'에서는 TV뉴스를 제작하는 전체과정을 소개하고 취재기획과 현장취재에 관해 다뤘다.

제3부 '스트레이트 기사'에서는 TV뉴스의 여러 유형 가운데 기

본이 되는 스트레이트 뉴스의 구조와 사례를 살폈다.

제 4부 '리포트 기사'에서는 리포트 제작에 관해 자세히 다뤘다. 리포트를 구성하는 실태, 원인, 문제점, 문제해결, 전망에 관한 기본지식을 학습하고 구체적 사례를 살폈다. 더불어 인터뷰, 스탠드 업, 영상, 영상편집, 방송과정을 알아봤다.

제 5부 'TV뉴스 제작과 방송'에서는 TV뉴스를 구성하는 인터뷰, 스탠드 업, 영상과 편집, 방송에 대해 알아봤다.

제 6부 '분야별 뉴스와 기획뉴스'에서는 사회, 경제, 정치, 국제 등 분야별 뉴스와 기획뉴스, TV뉴스의 미래에 관해 다뤘다.

영국의 철학자 프랜시스 베이컨은 과학을 하는 방법으로 꿀벌처럼 작은 꽃가루를 모아 꿀을 만드는 '벌의 방식'을 이야기했다. 필자는 꽃가루처럼 흩어진 지식과 경험을 모아 이 책을 출간했다. 이책의 기본적 아이디어는 30여 년간의 방송사 생활에서 나왔다. 현장에서 많은 가르침을 주신 MBC의 선배, 동료, 후배들에게 고마움을 전한다.

지난 2016년 여름, 초고를 써놓고 체계가 잡히지 않아 한참을 고민했다. MBC에서 같이 기자생활을 한 이화여대 이재경 교수에게 도움을 요청했다. 이재경 교수는 귀한 조언과 가르침을 주었다. 또한 이 책을 쓸 수 있도록 석좌교수 프로그램을 지원해 주신 방송문화진흥회 이사진과 고려대 미디어학부 교수 여러분에게 감사인사를 표한다.

흔쾌히 출판을 맡아주신 나남출판의 조상호 회장과 고승철 주필, 교정을 맡은 김민교 대리, 한명관 씨에게 감사드린다.

오늘을 있게 한 어머니와 사랑하는 아내, 두 아들에게 평소 표현하지 못한 고마운 마음을 전한다.

2017년 2월

김 종 욱

나남신서 1907

세상을 보는 뉴스

차 례

제 1 부

TV 뉴스의 세계

1장

TV 뉴스의 이해

1. 뉴스의 현장

미국 시간으로 2001년 9월 11일 아침 8시 46분과 9시 3분, 두 대의 여객기가 뉴욕 세계무역센터에 잇달아 충돌했다. 충돌 순간 시뻘건 화염이 터져 나오며 검은 연기가 치솟았다. 한국 시간 밤 9시 50분을 넘어 상당수 기자가 퇴근하고 밤 9시 뉴스의 진행자들도 퇴근을 준비하던 때였다. CNN의 속보가 전해졌다.

"아, 이게 무슨 일이야!"

회사 전체에 비상이 걸렸다. 보도국에 남아있던 기자들은 부랴부랴 생방송을 시작했다.

"뉴스속보를 전해 드립니다. 조금 전 뉴욕 세계무역센터 건물에 두 대의 여객기가 충돌해…."

TV 속의 화면은 현실이 아닌 듯 보였다. 속보가 나오는 시점에 필자는 정치부원들과 회사 근처에서 늦은 저녁을 먹으려던 참이었다. 모두 회사로 뛰어 들어갔다.

보도국은 전쟁터였다. CNN 방송을 동시통역하고 쉬지 않고 들어오는 외신정보를 번역해 방송을 이어갔다. 몇 시간 후 하늘 높이 검은 연기를 내뿜던 110층의 쌍둥이 건물이 거대한 먼지구름을 일으키며 주저앉았다. 수천 명의 생명이 잿빛 먼지 속으로 사라졌다. 시청자는 생방송으로 전해지는 뉴스속보에 TV에서 눈을 떼지 못했다. 한 달 후 아프가니스탄 전쟁이 시작됐다. 또다시 생방송 속보가 이어졌다.

〈그림 1-1〉 9 · 11 테러현장 보도사진

2. TV뉴스의 영향력

한국인이 가장 많이 접하는 뉴스는 TV뉴스이다. 한국에 TV뉴스가 본격화된 것은 1970년대 앵커 시스템이 도입되면서부터이다. TV 뉴스는 권위주의 정부 아래 강한 통제를 받았으나 1987년 민주화와 함께 족쇄가 풀리면서 급성장했다.

학자들은 TV뉴스가 영향력과 신뢰도에서 다른 미디어를 앞선 시기를 1998년 전후로 본다. 전국네트워크를 가진 KBS, MBC, SBS 3개 지상파 방송에 2개 뉴스채널, 4개 종합편성채널이 더해져 채널은 여러 개로 늘어났다. 한국언론진흥재단(2016a)이 발표한 언론

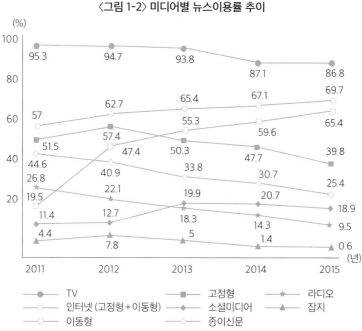

〈그림 1-2〉 미디어별 뉴스이용률 추이

출처: 한국언론진흥재단(2016a).

〈그림 1-3〉 이라크 전쟁 현장보도

수용자 의식 조사에 따르면 TV뉴스 이용률은 86.8%로 가장 높은 수치를 기록했다. 2위는 인터넷뉴스로 69.7%, 신문이용률은 25.4%를 기록했다. 인터넷, 모바일, SNS 같은 디지털 미디어의 급성장은 주목할 만한 현상이다. 언론학자들은 디지털 뉴스의 파편화되고 흥미위주의 기사들이 책임 있는 언론 기능을 서서히 해체시킬 것이라고 비판한다. 이러한 경고에도 불구하고 디지털 뉴스의 확산 속도는 빠르다. 전통 미디어들은 대응에 고심한다. 지금 미디어 시장에서는 큰 변화의 물결이 일고 있다.

  TV뉴스의 강점은 신속하게 뉴스를 전하는 속보성과 현실에 가깝게 전달하는 현실성(*realism*)이다. TV의 위력은 생방송일 때 두드러진다. 1991년 걸프전을 비롯해 성수대교 붕괴, 삼풍백화점 붕괴, IMF 외환위기, 남북정상회담, 한일 월드컵, 이라크 전쟁, 세월호 침몰사고 등 수많은 역사적 사건과 이벤트가 TV 생방송으로 시청자에게 전달됐다.

> 생방송 영상은 영상 형식 중에서 가장 지표(指標, *index*, 시각적 진실성)적 속성이 높고 시청자에 대한 영향력이 강력하다. 생방송되는 우주선 발사장면이나 장례식을 보면서 감동하거나 슬퍼하는 것은 모두 생방송 효과라고 볼 수 있다(장일·이영음·홍석경, 2008).

TV뉴스는 생방송이 아니어도 눈과 귀를 통해 현실을 리얼하게 전달한다. 고선명 TV카메라는 인물의 말, 제스처, 표정, 눈빛까지 생생하게 보여준다. 미국의 정치학자 그레이버(Graber, 1996)는 "TV뉴스의 현실성 때문에 시청자들은 TV뉴스가 더 매력적이고 흥미롭고 믿을 수 있다고 생각한다"고 분석했다.

그림과 소리로 전하는 TV뉴스의 메시지는 말이나 글보다 강하다. TV뉴스는 높은 이용률만큼 적지 않은 과제를 가진다. 상업성, 선정성이 강하고 심층성이 약하다는 비판을 받는다. 공정성 논란도 끊이지 않는다.

3. 저널리즘의 원칙

언론은 왜 존재하는가? 학자들은 언론이 수행하는 대표적 역할로 감시견(*watchdogs*), 시민포럼(*civic forum*), 의제설정(*agenda setting*) 기능을 든다. 감시견 기능은 권력과 사회 부정에 대한 감시, 비판을 말한다. 용기 있는 탐사보도(*investigative reporting*)로 비선실세의 국정농단을 파헤친 한국 언론의 최순실 게이트 보도는 감시견 기능의 전형을 보여준다. 언론사들은 권력의 거짓과 위선을 폭로함으로써 '제4부'로서 건강하게 기능함을 보여줬다. 일부 방송이 제 역할을 하지 못한 점은 안타까운 일이다.

전 〈LA타임스〉(Los Angeles Times)의 기자 스타크먼(Starkman, 2014)은 2008년 미국 금융위기를 되돌아보면서 언론이 감시견 역할을 소홀히 했다고 비판했다. 그는 책 제목을 《짖지 않은 감시견》 (The Watchdog that didn't Bark)이라 붙였다. 그는 언론이 제 역할을 못하면 "사람들은 어둠속에 무기력하게 남겨진다"고 말했다.

프랑스의 철학자 토크빌(Tocqueville, 1835/1997)은 1830년대 미국을 여행하고서 《미국의 민주주의》(De la démocratie en Amérique)를 썼다. 그는 미국의 언론활동을 보고 "언론의 역할은 자유(自由)를 보호하고 문명(文明)을 유지하는 것"이라고 말했다. 자유로운 언론이 있어 민주주의와 문명이 유지된다는 토크빌의 말은 깊은 울림을 준다. 언론의 역할은 크고 무겁다.

미국의 언론 연구가 코바치와 로젠스틸(Kovach & Rosenstiel, 2014/2014)은 《저널리즘의 기본원칙》(The Elements of Journalism)에서 언론이 지켜야 할 10대 원칙을 제시했다.

① 저널리즘의 첫 번째 의무는 진실에 대한 것이다.
② 저널리즘의 최우선 충성대상은 시민이다.
③ 저널리즘의 본질은 사실확인의 규율이다.
④ 기자는 그들의 취재하는 대상으로부터 독립을 유지해야 한다.
⑤ 기자는 권력에 대한 독립적 감시자로 봉사해야 한다.
⑥ 저널리즘은 공공비판, 문제해결을 위한 포럼을 제공해야 한다.

⑦ 저널리즘은 중요한 사안에 대해서 시민들이 흥미롭게 여기고 그들의 삶과 관련 있는 일로 인식할 수 있도록 전달해야 한다.

⑧ 저널리즘은 뉴스를 포괄적이고 비중에 맞게 다루어야 한다.

⑨ 기자는 그들의 개인적 양심을 실천해야 하는 의무가 있다.

⑩ 시민도 뉴스에 관해 권리와 책임을 가진다.

저널리즘 원칙은 언론의 진실추구와 독립성을 강조한다. 저널리즘에 충실한 보도는 단순한 사실전달이 아니다. 안개와 어둠의 장막을 걷어내고 '세상의 참모습'을 보여줄 수 있어야 한다. TV뉴스가 추구해야 할 뉴스는 '세상을 보는 뉴스'이다.

2장

TV 뉴스를 위한 준비

1. 방송기자가 갖춰야 할 자질

방송기자는 시각적 영상과 소리를 통해 뉴스정보를 전달하는 저널리스트이다. TV의 특성과 저널리즘 원칙을 잘 이해해야 질 높은 TV뉴스를 제작할 수 있다. 방송기자는 숨겨진 문제를 발견하는 예리함, 과학적으로 분석하는 치밀함, 기사를 명쾌하게 정리하는 논리성을 갖춰야 한다. 영상을 효과적으로 구성하는 능력과 뉴스를 설득력 있게 전달할 수 있는 리포팅 능력도 중요하다.

1) 문제발견

뉴스의 본질은 현실을 관찰하고 탐구하는 일이다. 방송 저널리스트를 지망하는 학생들이 먼저 관찰해야 할 대상은 현실세계이다. 정치·경제·사회는 어떻게 움직이는지, 한국사회와 세계는 어떤 문제가 있는지 깊은 고민이 필요하다. 방송기자의 일은 현실세계의 문제발견에서 시작된다.

아인슈타인과 인펠트(Einstein & Infeld, 1938)가 쓴 《물리학의 진화》(*The Evolution of Physics*)에는 갈릴레이가 빛의 속도를 측정하는 이야기가 나온다. 갈릴레이는 두 사람이 멀리 떨어진 곳에서 서로 등불을 비춰 빛이 오가는 데 걸리는 시간을 계산하면 빛의 속도를 잴 수 있다고 생각했다. 물론 당시 실험기술로는 빛의 속도를 재는 것은 불가능했다. 그러나 아인슈타인은 "갈릴레이가 빛의 속도를 재는 데 실패했지만 빛의 속도를 재는 문제를 발견(*formulate*)했다"고 평가했다. 아인슈타인은 "문제를 발견하는 것은 종종 문제해결보다 중요하다"(The formulation of a problem is often more essential than its solution)고 말했다. 그는 "새로운 의문과 가능성을 제기하고 오래된 문제를 새로운 시각으로 보는 것은 창조적 상상력을 필요로 한다"고 말했다.

빛의 속도를 재는 문제는 250년 후 다른 과학자에 의해 해결됐다. 모두가 아는 대로 빛은 1초에 30만 킬로미터를 간다. 갈릴레이의 문제의식이 없었다면 문제해결은 늦어졌을지 모른다. 저널리즘은 세상의 문제를 발견하는 일이다.

(1) 문제의식

문제를 찾아내는 문제의식은 사회문제에 관해 깊은 관심과 예민한 감수성에서 나온다. 1974년에 한국을 방문한 소설 《25시》(*Ora 25*)의 작가 게오르규 신부는 잠수함 속 토끼 이야기를 들려줬다. 그는 젊은 시절 잠수함의 수병(水兵)이었다. 당시에는 산소를 측정하는 장비가 없어 잠수함에 토끼를 태우고 다녔다고 한다. 잠수함의 공기가 탁해지면 토끼가 먼저 반응하기 때문이다. 게오르규는 '시인은 잠수함의 토끼'라고 말했다. 시인은 잠수함의 토끼처럼 남보다 먼저 아파하는 존재라는 말이다. 지식인과 저널리스트도 잠수함의 토끼와 같은 숙명을 안고 있는 듯하다.

문제를 어떻게 찾는가? 근대철학의 선구자 데카르트(Descartes, 1637/1997)는 《방법서설》(*Discours de la méthode*)에서 모든 것을 회의적으로 바라보라고 주장했다. 그는 "조금이라도 의심할 수 있는 것은 모두 거짓으로 간주하라"고 말했다. 회의적 시각에서 진리를 찾는 노력이 시작된다.

미국의 사회학자 버거(Berger, 1963/1995)는 자신의 저서 《사회학에의 초대》(*Invitation to Sociology*)에서 "문제의식은 공식적 구조 안에 숨겨진, 보이지 않는 비공식적 구조를 밝히는 것"이라고 말했다. 그는 비공식적 구조를 밝히려면 현실을 꿰뚫어 보고 배후를 살펴야 한다고 지적했다. 외관상 특징 없는 집이 늘어선 거리의 배후에서 무한하게 다양한 인간 활동이 일어난다고 말했다. 의문을 가지고 바라보라. 사회문제에 대해 합리적 의심을 가지고 문제를 탐구하는 것은 기자의 당연한 의무이다.

(2) 세상에 대한 탐구심

탐구심은 의문이 나는 대상을 연구하고 진실을 갈망하는 마음이다. 영화 〈트루스〉(*Truth*)를 보면, CBS의 한 기자가 앵커맨 댄 래더에게 왜 기자가 됐느냐고 묻는 장면이 나온다. 그는 망설임 없이 '호기심'(*curiosity*)이라고 대답한다. 탐구는 '왜?'라는 질문에서 출발한다. 저널리스트가 하는 일은 모두 탐구작업이다. 문제를 파고들어진상을 규명하는 일이다. 탐구를 멈추면 진실은 사라진다.

(3) 창조적 상상력

기자는 자유로운 상상력을 가져야 한다. 틀에 갇힌 사고로는 새로
운 정보가 보이지 않는다. 기획뉴스와 발굴뉴스, 인물탐구 같은 흥
미로운 뉴스는 기자의 창조적 상상력에서 출발한다. 상상력의 힘은
얼핏 사소해 보이는 작은 일에서 사회적 관계를 생각하게 한다. 영
국의 사회학자인 기든스와 동료들(Giddens, Duneier & Applebaum
2003/2007)은 커피 이야기로 사회학적 상상력을 설명했다.

커피는 다른 사람과 대화할 수 있게 해주는 사회적 의례이고 두뇌를
자극하는 마약이다. 커피는 가난한 나라 사람과 부자 나라 사람을 이
어주는 상품이다. 커피는 식민주의의 유산과 연결되어있다. 커피는
세계화 논쟁의 중심에 있는 상품이다.

한 잔의 커피에는 사회적 관계, 마약문제, 빈부, 식민주의, 세계
화 논쟁이 담겨 있다. 상상력의 눈으로 보면 세상이 새롭게 보인다.

〈그림 2-1〉 커피에 담긴 상상력

2) 과학적 조사

과학적 조사는 인과관계(*causal relation*)를 추론하고 검증하는 조사 방법이다. 교통사고, 범죄사건을 분석하거나, 정치, 경제, 사회문제를 분석할 때는 과학적 조사를 활용한다. 막연하게 추측하거나 편견을 가지고 뉴스를 취재하면 잘못된 보도가 나온다. 이 때문에 현대 저널리즘의 기초를 세운 월터 리프먼은 과학교육의 중요성을 강조했다.

리프먼이 제시하는 해결책은 언론인이 과학정신을 더 많이 습득하는 것이다. 그는 저널리즘 교육분야가 증거와 사실확인에 대한 사항을 핵심 교과과정으로 만들어야 한다고 제안했다(Kovach & Rosenstiel, 2014/2014).

과학적 사고능력을 키우려면 비판적 사고(*critical thinking*)와 과학적 연구방법(*scientific research method*)에 대해 공부하는 것이 좋다.

3) 기사쓰기

기사쓰기는 뉴스제작의 핵심과정이다. 기자가 실태를 취재하고 원인을 분석하고 문제해결, 전망을 제시한 결과는 최종적으로 기사쓰기로 완성된다. 요즘 뉴스리포트는 이야기 방식의 내러티브(*narrative*) 기사가 많아졌다. 논픽션, 소설 같은 내러티브를 공부하는 것이 TV뉴스 기사쓰기에 도움이 된다.

4) 영상

TV뉴스는 영상을 통해 뉴스를 전달한다. 영상은 강력한 메시지 전달능력을 가졌다. 방송기자는 영상취재에 많은 공을 들인다. 현장취재와 인터뷰할 때 카메라 기자와 동행하고 취재를 마친 뒤에도 촬영한 영상을 모니터하며 기사를 쓴다. 리포트 완제품(*package*)을 만들 때에도 영상편집자 옆에서 그림과 인터뷰를 잘라 붙인다.

방송기자는 취재를 기획할 때부터 완제품을 만들 때까지 영상을 머릿속에 계속 그려야 한다. 영상과 디지털 기술의 특성을 잘 이해해야 현장감 높은 TV뉴스를 제작할 수 있다.

〈그림 2-2〉 촬영 중인 방송기자의 모습

5) 리포팅

뉴스를 전달하는 행위를 통틀어서 보도(報道) 혹은 리포팅(report-ing)이라고 한다. 방송 현장에서는 방송기자가 목소리로 뉴스를 전달하는 것을 흔히 리포팅이라고 부른다. TV뉴스 리포트 가운데 기자의 얼굴이 나오는 부분을 스탠드 업(stand-up)이라고 하고 목소리만 나오는 부분을 보이스 오버(voice-over)라고 한다.

방송기자는 목소리로 정보를 전달한다. 방송기자는 시청자에게 뉴스를 해설하는 내레이터(narrator)이다. 리포팅을 할 때 표준어를 구사하고, 발음이 분명해야 하고, 거부감이 없는 부드러운 목소리가 바람직하다. 목소리는 선천적으로 타고나는 면도 있지만 후천적 훈련과 노력으로 바꿀 수도 있다. 방송인 가운데 훈련과 노력으로 좋은 목소리를 만든 사람을 많이 볼 수 있다.

〈그림 2-3〉 리포팅 중인 기자의 모습

(1) 리포팅 요령

뉴스를 전할 때는 말하듯이 리포팅한다. 억지로 목소리에 힘을 주거나, 웅변하듯 리포팅하면 거부감을 줄 수 있다. 리포팅을 잘 하는 방법은 띄어 읽기를 잘 하는 것이다. 아나운서는 방송 전에 기사 원고에 띄어 읽을 곳을 미리 펜으로 표시해 놓는다. 띄어 읽을 곳은 주어와 목적어, 인용구가 끝나는 곳이다.

한국어는 영어보다 높이고 낮추는 억양(*intonation*)이 약하다. 억양이 약하다는 것이지 전혀 없는 것은 아니기에 녹화된 영상을 보면서 앵커, 방송기자, 아나운서, 전문 방송인의 발음, 속도, 억양을 따라해 보는 것도 리포팅을 익히는 좋은 방법이다. 꾸준한 연습으로 자신에게 맞는 리포팅 방법을 찾는 것이 바람직하다.

(2) 말하기

말을 잘한다는 것은 막힘없이 논리적이고 설득력 있게 말하는 것이다. 말하기 능력은 방송기자에게 귀중한 자산이다. 중계차 생방송을 하거나 뉴스스튜디오 출연, 라디오, TV대담을 할 때 말하기 능력은 빛을 발한다. 앵커, TV토론 진행자로 선발되려면 말하기 능력이 뛰어나야 한다. 말하기 능력을 단시간에 키우기는 어렵다. 평소에 생각을 정리해 원고 없이 말하는 습관을 들이는 것이 중요하다. 여러 사람 앞에서 발표하거나 토론에 적극적으로 참여해 말하기 훈련을 하는 것이 능력 향상의 지름길이다.

뉴스리포팅은 뉴스정보를 시청자에게 프레젠테이션 하는 일이다. 시청자의 귀에 쏙쏙 들어오는 간결하고 명쾌한 리포팅이 바람직하다. 애플의 창업자 스티브 잡스는 기술, 경영의 천재로 불리지만 프레젠테이션에도 뛰어났다. 그는 메시지를 짧은 단어로 압축하고 청중과 함께 호흡하는 프레젠테이션으로 소비자를 매료시키고 제품의 상품성을 높였다.

지금까지 방송기자가 갖춰야 할 자질에 대해 살펴보았다. 이를 정리하면 〈표 2-1〉과 같다. 방송기자는 저널리스트인 동시에 인과관계를 탐구하는 과학자, 내러티브를 쓰는 논픽션 작가, 영상을 다루는 연출자 겸 내레이터가 되어야 한다. 지금부터는 실제 TV뉴스 제작과정을 따라가 본다.

〈표 2-1〉 방송기자가 갖춰야 할 자질

영역	필요 자질
문제발견	문제의식, 탐구심, 창조적 상상력
과학적 조사	비판적 사고, 과학적 연구방법
기사쓰기	리포트 구성, 내러티브
영상	영상언어, 영상편집
리포팅	리포팅 요령, 말하기

2. TV뉴스 제작과정

방송사 보도국은 수백 명의 취재기자와 카메라기자, 뉴스 PD, 영상편집자, 그래픽 디자이너가 분주하게 움직이는 공간이다. 언제나 팽팽한 긴장감과 열기가 느껴진다. 보도국 중앙에 기사를 쓰고 회의를 하는 사무공간이 있고 옆으로 간이 스튜디오, 영상편집실, 그래픽 제작실이 자리 잡고 있다.

뉴스를 진행하는 뉴스센터는 보도국과 연결된다. 넓은 스튜디오에는 여러 대의 카메라와 대형 뉴스세트가 설치된다. 여기서 앵커와 아나운서가 새벽부터 밤까지 뉴스프로그램을 진행한다. 뉴스센터 조정실에서는 엔지니어가 뉴스영상을 조정해 주조정실로 보낸다. TV뉴스 제작은 복잡하고 많은 사람과의 협업이 필요하다. TV 뉴스 제작과정은 크게 취재기획-현장취재-기사쓰기-영상편집-방송-피드백의 6단계로 나눌 수 있다.

〈그림 2-4〉 방송사 보도국의 모습

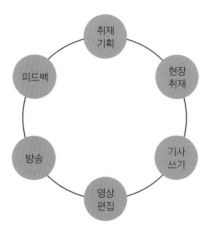

〈그림 2-5〉 TV뉴스의 제작과정

취재
기획

현장
취재

기사
쓰기

영상
편집

방송

피드백

　뉴스소재를 구상하고 취재를 기획하는 것이 첫 단계인 취재기획
단계이다. 취재방향이 결정되면 현장에 나가 정보와 영상을 취재한
다. 이어서 기사쓰기 단계에서는 취재한 자료를 정리하고 내용을 분
석해 기사를 쓴다. 영상편집 단계에서는 기사를 리포팅하고 영상을
편집한다. 방송 단계에서는 완성된 뉴스기사를 뉴스프로그램을 통
해 방송한다. 피드백 단계에서는 뉴스보도에 대한 시청자 의견을 수
렴하고 후속취재 및 프로그램 보완에 참고한다.

제 2 부

취 재

3장

취재기획

취재기획은 어떤 뉴스를 어떻게 취재할지 계획하는 단계이다. 뉴스
선택에는 기자와 데스크, 편집자의 뉴스판단이 큰 비중을 차지한
다. 현실을 보는 시각이 모두 같지는 않다. 뉴스판단에는 개인의
주관과 이데올로기, 상업성 등 여러 요소가 작용할 수 있다. 이 때
문에 뉴스선택 과정에서 갈등이 빚어지곤 한다.

뉴스생산자의 반대편에는 뉴스소비자가 있다. 시청자는 세상을
보는 뉴스를 원한다. 시청자는 세상이 어떻게 돌아가고, 왜 이런
문제가 발생했으며, 앞으로 어떻게 될 것인지를 알려 주는 깊이 있
는 정보를 원한다(Stephens, 2007/2010). 시청자의 정보수요를 얼
마나 충족시키느냐는 뉴스의 영향력과 신뢰도를 좌우한다.

어떤 뉴스를 다룰 것인가? 어떤 뉴스가 가치 있는 뉴스인가? 먼
저 뉴스판단의 기준이 되는 뉴스가치에 관해 알아보고 정보를 취재
할 취재원을 살펴본다.

1. 뉴스가치

많은 사람들이 뉴스가치를 설명하는 다양한 의견을 제시하지만 보통은 다음의 5～6가지 기준으로 요약된다.

① 시의성 (*timeliness*) : 새로운 뉴스일수록 가치가 높아진다. 뉴스는 시시각각 현실의 흐름을 반영해야 한다.
② 영향성 (*consequence*) : 정치적 사건, 경제문제, 대형사건・사고, 자연재해 등 많은 사람에게 영향을 주는 사건일수록 뉴스가치가 높다.
③ 근접성 (*proximity*) : 사람들은 자신과 관련이 있거나 자신에게 영향을 줄 가능성이 높은 일에 관심을 보인다.
④ 저명성 (*prominence*) : 정치인, 고위관료, 기업인, 연예인, 스포츠 스타 등 유명한 사람의 이야기일수록 사람의 관심을 끈다.
⑤ 갈등 (*conflict*) : 뜨거운 사회쟁점이거나 충돌할 때 뉴스가 된다.
⑥ 인간적 흥미 (*human interest*) : 문화, 연예, 스포츠, 인간 스토리, 최신 트렌드와 같이 사람들의 흥미를 끄는 정보가 뉴스소재가 된다.

TV뉴스에는 몇 가지의 기준이 추가된다. TV뉴스에서는 영상이 중요한 기준이 된다. 영국의 언론학자 턴스털 (Jeremy Tunstall) 은 TV뉴스의 4가지 가치 기준을 다음과 같이 제시했다 (Watson, 2016).

① 영상 (*visual*) : 영상에 우선권을 둔다.
② 기자의 소속 (*our own reporter*) : 자기 방송사 소속 기자가 인터뷰하거나 해설한 기사를 선호한다.
③ 기사 숫자 (*number*) : TV뉴스는 신문보다 적은 숫자의 기사를 보도하고 기사의 길이도 짧다.

④ 사운드 바이트(*sound bite*) : 사운드 바이트가 있는 뉴스를 선호한다. 사운드 바이트는 영상 가운데 인터뷰, 연설같이 영상과 음성이 함께 포함된 부분을 말하며 영국 용어로는 '*actuality*'라고 한다.

현실에서는 다른 요소가 뉴스에 끼어들기도 한다. 쉽게 정보를 구할 수 있는 취재원이 뉴스에 자주 등장하고 방송사의 시각, 미디어 간의 경쟁, 외부의 힘이 뉴스에 작용하기도 한다. 방송이 자율성과 독립성을 가질 때 공정성이 유지되는 것은 재론할 필요가 없다.

2. 취재원

취재원(*news source*)은 기자가 정보를 얻는 원천을 말한다. 보도국은 넓은 정보 네트워크를 가졌다. 정치, 경제, 사회, 지역뉴스, 문화, 정보과학, 국제 등 전문분야 별로 수백 명의 기자가 활동한다. 이들은 다양한 취재원을 통해 뉴스소재를 찾는다.

1) 출입처

기자는 대부분 담당 출입처(*beat*)를 중심으로 활동한다. 청와대, 국회, 정부부처, 지방자치단체, 법원, 경찰, 기업, 연구소, 기타 단체가 활동영역이다. 출입처에서는 거의 매일 보도자료가 나오고 행사, 기자회견, 회의가 열린다. 주로 출입처를 중심으로 뉴스를 취재하며 사건·사고는 주로 지역별로 배치된 경찰 출입기자가 담당한다. 출입처는 기자가 활동하기에 편리하지만 특정 출입처를 오래 출입하다 보면 출입처 논리에 기우는 부작용이 발생한다. 최근에는 출입처 없이 심층보도, 기획뉴스를 전담하는 기획뉴스 부서와 기자가 늘어나는 추세이다.

2) 특파원, 지역방송

해외뉴스 취재는 특파원(*correspondent*)이 맡는다. 특파원은 미국, 유럽, 중국, 일본, 동남아시아 등의 지역에 파견되어 활동한다. 지역뉴스는 네트워크 관계의 지역 방송사로부터 공급받는다. 대형사건이 발생하면 전국 네트워크를 동원해 공동취재단을 꾸린다.

〈그림 3-1〉 MBC 대전본부의 모습

3) 뉴스통신사

뉴스통신사(*news agency*)는 언론사에 뉴스기사를 제공하는 공급원이다. 국내의 연합뉴스를 비롯해 해외의 AP(Associated Press), 로이터(Reuters) 등의 통신사가 언론사에 유료로 뉴스기사를 서비스한다. TV의 스트레이트 뉴스기사 가운데 일정 부분은 뉴스통신사가 제공한 기사이다.

4) 자체기획

방송사는 사회적으로 이슈가 되는 문제를 선정해 자체기획으로 집중보도한다. 방송의 의제설정이라 할 수 있다. 아이디어 회의를 열어 주제를 정하고 연속보도나 심층보도를 내보낸다. 탐사보도는 대부분 자체기획으로 이뤄진다. 방송사는 자체적으로 여론조사를 하거나 데이터 분석을 내놓는다.

5) 제 보

특종은 제보에서 나온다. 밖에서 알기 어려운 조직 내부문제를 폭로하는 내부고발은 폭발성이 높다. 내부고발을 영어로는 '호루라기 불기'(*whistle-blowing*)라고 한다. 보안사의 민간인 불법사찰, 감사원과 재벌의 유착비리, 군 부재자투표 부정사건이 모두 내부고발에 의해 드러났다. 미국의 경우 워터게이트 사건, 담배회사 필립모리스의 내부고발이 대표적이다.

시민이 제보한 비디오나 블랙박스 영상, CCTV 화면, 사진, 녹음, 문서자료는 뉴스에 유용하게 활용된다.

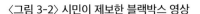

〈그림 3-2〉 시민이 제보한 블랙박스 영상

6) 인적 네트워크

넓은 인적 네트워크는 취재활동의 큰 자산이다. 넓은 취재망을 준비해 두어야 많은 정보를 수집할 수 있다. 취재원의 질도 중요하다. 어떤 취재원과 접촉하느냐에 따라 정보의 내용이 달라진다. 많은 사람과 접촉하다 보면 새로운 정보, 아이디어를 얻을 수 있다.

7) 다른 미디어

다른 미디어의 동향도 중요하다. 경쟁사가 보도한 뉴스라도 뉴스가치가 있으면 사실을 확인해 보도하는 게 원칙이다. 중요한 것은 시청자의 알 권리이다.

8) 인터넷

인터넷은 정보의 보고이다. 취재원의 홈페이지에서 일반적 정보를 수집하고 검색을 통해 인물정보, 통계, 해외정보를 얻는다. 요즘은 카페나 블로그에서도 전문정보를 유통한다. 2005년 황우석 논문의 결정적 문제점을 찾아낸 것은 생물학정보 연구센터(BRIC)의 커뮤니티였다. 2016년 8월 갤럭시 노트 7의 배터리 문제를 처음 제기한 것도 인터넷 공간이었다. 최근에는 사이버 공간에서 일어나는 사건, 범죄가 늘어나면서 인터넷은 주요 취재대상이 되기도 한다.

9) 도서관, 자료실

책이나 연구논문, 자료집에도 좋은 뉴스소재가 숨어있다. 책이나 자료를 뒤지다 보면 반짝이는 아이디어가 떠오르기도 한다. 아는 만큼 보이는 법이다. 풍부한 지식과 상식을 가져야 세상을 더 깊고 넓게 볼 수 있다. 뉴스소재는 어디에나 존재한다. 친구, 지인, 동료와의 대화나, 거리, 시장, 지하철, 버스, 이웃, 가정에서 듣는 사소한 이야기에도 뉴스소재가 잠재한다. 영국의 셰필드대학의 교수 하컵(Harcup, 2009/2012)은 기업, 대학, 병원, 소방서, 술집, 연예계, 자선단체, 주민단체 등 생활 주변의 많은 취재원을 제시했다.

> 기자들은 잠재적 뉴스기사나 특집기사를 가진 정보원에 둘러싸였다. 눈과 귀, 마음을 열기만 하면 친구와의 대화, 벽에 붙은 포스터 등 모든 것이 기사가 될지도 모른다.

자료수집 뒤에 해야 할 과제는 원재료를 다듬어 좋은 기사로 만드는 일이다. 지금도 우리 주변에서는 무심코 지나친 작은 사건이 대형뉴스로 커지는 사례를 흔히 볼 수 있다. 이러한 취재원을 놓치지 않기 위해서는 뉴스를 알아보는 예리한 눈, 통찰력이 필요하다.

3. 취재기획안

뉴스가치가 있는 소재를 찾았다면 취재기획안을 작성한다. 취재기획은 작전계획을 짜는 것과 같다. 여러 각도에서 문제를 바라보고 치밀한 계획을 마련한다.

　대형사건의 경우 브레인스토밍(*brainstorming*)을 통해 다양한 아이디어를 모은 뒤, 좋은 아이디어를 선별하고 우선순위를 정해 취재계획을 짠다. 자신이 취재하는 소재가 메인뉴스에 채택되려면 내용을 매력적으로 설명해야 한다. 취재기획안은 주제, 기획의도, 취재계획의 순서로 정리한다.

- 어떤 문제를 취재할 것인가?
- 기획의도는 무엇인가?
- 어디를 취재하고 누구를 인터뷰할 것인가?

　긴급뉴스는 데스크와 전화로 상의해 취재계획을 결정한다. 기획안이 올라간다고 모두 채택되는 것은 아니다. 새로운 뉴스, 긴급뉴스가 발생하면 우선순위에서 밀려난다. 소재로 선정되려면 치열한 내부경쟁을 벌여야 한다. 또한 최종적으로 뉴스소재를 결정하는 편집회의 관문을 통과해야 한다. 뉴스소재가 결정되면 TV뉴스 편집부는 중요한 순서에 따라 큐시트(*cue sheet*)를 작성한다.

4장

현장취재

1. 취재진행

기자는 취재구상을 가지고 현장으로 나간다. 현장은 거칠고 험하다. 취재를 거부당해 문밖으로 쫓겨나기도 하고 폭염과 추위 속에서 밤을 새우는 것도 흔한 일이다.

위험을 무릅쓰고 현장에 뛰어든 기자의 이야기는 전설처럼 전해진다. 아웅산 폭탄테러 현장에서 폭탄이 터지고 천장이 무너지는 순간에도 카메라를 놓지 않았던 기자, 걸프전과 이라크전의 포화 속에 뛰어든 기자, 삼풍백화점 붕괴현장의 컴컴한 지하 폐허 속에서 구조실황을 생방송으로 전한 기자 등 이들의 활약이 있었기에 TV뉴스는 생생한 소식을 전할 수 있었다.

특종은 현장에서 나온다. 2016년 10월 24일, JTBC 기자는 최순실 씨의 대통령 연설문 수정파일을 공개하는 특종을 터뜨렸다. 취재기자들은 최순실 씨의 여러 사무실을 찾아다니다 사무실 한쪽에서 최 씨가 버리고 간 것으로 추정되는 태블릿 PC를 발견했다. 이

태블릿 PC에는 청와대 관련자료를 비롯해 2백여 개의 파일이 저장되어있었다. 정국의 흐름을 바꾼 큰 특종이었다. 좋은 기사는 저절로 오지 않는다. 책상에 앉아 머리를 짜내고 전화기를 붙들고 있기보다 일단 현장에 나가 부딪혀 보라.

취재는 사실(fact)을 찾는 과정이다. 사실은 '실제로 있었던 일, 현재 일어난 일'을 말한다. 사건·사고는 언제 어떻게 일어날지 모른다. 취재현장의 모습은 다양하다.

- 아침에 인천공항으로 가는 영종대교에서 100중 연쇄추돌 사고가 일어났다. 기자들은 일제히 현장으로 달려간다. 사고현장을 촬영하고 목격자를 인터뷰한다. 경찰 사고조사반을 만나 사고경위를 취재하고 CCTV 화면을 확보한다. 하늘에선 헬리콥터가 현장을 촬영한다. 중계차가 도착하면 TV 생방송을 한다. 라디오 크로스 토킹도 준비한다.

- 새로운 경제정책을 발표하는 기획재정부 기자회견장, 기자는 당국자의 발표와 질의응답을 카메라에 담고 내용을 메모한다. 발표내용을 요약해 스트레이트 기사를 쓴다. 시민과 전문가를 인터뷰해 메인뉴스에 나갈 리포트를 제작한다.

- 농촌 마을회관에서 할머니 6명이 냉장고에 든 음료수를 마시고 갑자기 쓰러졌다. 마을회관을 촬영하고 경찰수사관, 마을사람들을 인터뷰해 미스터리한 사건의 전말을 취재한다.

- 법무부 검사장이 비상장 주식을 사들여 120억 원의 시세차익을 얻은 사실이 재산공개에서 드러났다. 비상장 회사 대주주와 검사장의 수상한 관계를 집중취재한다.

1) 교차확인

현장은 혼란스럽다. 미확인 정보와 루머가 흘러 다닌다. 서로의 주장이 엇갈려 누구의 말이 맞는지 알기 어렵다. 한쪽의 주장에 휘말려 기사를 썼다가는 낭패를 본다. 한 사람에게 확인하기보다 여러 취재원을 크로스 체크하는 것이 바람직하다. 미국 언론은 두 명 이상의 취재원 정보를 바탕으로 기사를 쓰는 삼각확인(*triangulation*)을 원칙으로 한다. 한 사람의 말에 의존하지 않고 여러 명의 확인을 거쳐야 오보의 위험성이 줄어들고 생각의 균형을 맞출 수 있다.

이화여대 교수 이재경(2013)은 《한국형 저널리즘 모델》에서 한국 TV뉴스의 품질과 신뢰도를 높이려면 취재원 수를 늘려야 한다고 말했다. 그의 조사에 따르면 미국 NBC 뉴스의 리포트당 취재원 수는 4.2명인 데 비해 한국의 TV뉴스는 리포트당 2.5~2.9명으로 나타났다.

뉴스는 사실이 생명이다. 바로 방송해야 한다면 현재까지 확인된 사실만으로 기사를 작성한다. 확인되지 않은 사실을 덧붙이거나 근거 없이 추측하는 것은 금물이다.

2) 익명의 취재원

1972년 〈워싱턴포스트〉(*The Washington Post*) 기자 우드워드와 번스타인(Woodward & Bernstein, 1974)은 워터게이트 사건 특종을 터뜨렸다. 정보는 딥 스로트(*Deep Throat*)라는 익명의 취재원으로부터 나왔다. 익명의 정보는 위험성이 높다. 두 기자는 익명의 정보는 반드시 다른 취재원에게 사실여부를 확인했다고 밝혔다.

두 명의 취재원이 범죄로 여겨질 만한 행위와 관련한 혐의를 확인해주지 않는 한, 특정 혐의는 신문에 실리지 않았다.

〈워싱턴포스트〉의 윤리강령은 가능한 한 취재원의 모든 신원을 공개하는 것을 원칙으로 한다. 다른 취재원이 불가능할 경우, 익명을 사용하고 독자에게 이유를 설명해야 한다고 규정한다.

언론학자들은 익명의 사용은 공공의 이익에 직결되는 중대한 정보로 제한해야 한다고 지적한다. 〈뉴욕타임스〉는 2016년 3월, 익명의 남발을 막기 위해 기사의 주된 취재원이 익명을 요구할 경우 편집국장단 3명 중 1명의 승인을 받도록 하는 새 원칙을 공표했다.

3) 증거의 함정

사람은 중요한 취재원이지만 불확실성이 높다. 사실확인을 위한 더욱 확실한 방법은 증거이다. 비디오 영상이나 CCTV, 블랙박스 영상, 사진, 녹음이 있다면 사실관계는 분명해진다. 범죄자나 뺑소니 사건 용의자가 CCTV나 블랙박스 화면으로 밝혀진 사례를 자주 볼 수 있다.

하지만 증거에도 함정은 있다. CBS는 2004년 9월, 미국 대통령 선거를 앞두고 〈식스티 미니츠〉(60 Minutes) 프로그램에서 조지 W. 부시 대통령의 병역의혹을 제기했다. 〈식스티 미니츠〉는 부시 대통령이 1970년대 초 주 방위군에 근무할 때 복무공백이 있었다는 사실을 증명하는 문서를 제시했다. 그러나 방송이 나간 뒤 위조의 혹이 제기됐다. 당시에 나오지 않은 컴퓨터 서체로 작성됐다는 주장이었다. 의혹은 사실로 밝혀졌다.

CBS는 2주일 만에 사과성명을 발표했고 앵커맨 댄 래더는 불명예스럽게 방송계를 떠났다. 2015년 한 인터뷰에서 그는 "우리의 스토리는 진실이었다. 그러나 몇 가지 실수를 저질렀다"고 말했다. 이 사건은 특종에 매달려 증거를 철저하게 검증하지 않은 데서 비롯됐다. "모든 것을 의심하라"는 격언을 잊은 탓이다. 최근 컴퓨터 기술의 발달로 얼마든지 글자, 사진을 수정하고 합성하는 것이 가능해졌다. 이제는 증거를 검증하는 또 하나의 과정이 필요하다.

4) 반론권

뇌물, 비리, 스캔들 사건이 터지면 당사자는 강하게 부인한다. 부인하는 말도 뉴스가치가 있다. 당사자의 말은 중요한 정보이다. 당사자의 해명은 시청자의 이해를 돕기 위해서도 필요하다. 반론권 (*right of reply*) 은 법으로 보장되어있다. 반론권을 주지 않으면 법률절차에 따라 반론보도를 해야 하는 상황이 발생할 수 있다. 반론보도는 잘못된 기사를 바로잡는 정정보도와는 다르지만 결국 뉴스의 신뢰도를 떨어뜨린다.

2. 취재 이후

2014년 4월 16일 오전 11시 무렵, 방송사들은 몇 분 간격을 두고 "세월호 승객 전원구조"라는 자막을 내보냈다. 오보(誤報)였다. 국회 조사에 따르면 이 오보는 피해 학생들이 다니던 경기도 안산 단원고등학교의 내부 소문이 발단이 됐다. 단원 고등학교에서 취재하던 기자들은 학부모 한 사람이 "전원 구조됐다"고 말하는 것을 듣고 본사에 정보보고를 했다. 데스크는 정보보고를 바로 뉴스로 내보냈다. 순식간에 벌어진 일이다.

이 오보는 시청자에게 많은 혼란을 주었다. 담당 데스크가 좀더 차분하게 사고현장의 경찰이나 취재기자에게 확인했다면 막을 수 있던 사건이었다. 취재만큼 취재한 내용을 검증하는 것 또한 중요하다.

1) 게이트 키핑

게이트 키핑(gate keeping)은 문을 지키는 일이다. 뉴스소재를 선정하고 뉴스기사를 검토하는 것이 게이트 키핑이다. 기자가 기사를 데스크에 넘기면 데스크는 기사를 검토한다. 취재부서 부장이 게이트 키퍼(gate keeper) 역할을 맡아 사실관계, 문장 표현까지 꼼꼼하게 따진다. 기사를 뉴스편집부로 넘기면 편집부에서 또 한 차례 기사를 체크한다. 지금은 컴퓨터로 수정하지만 예전에 펜으로 기사를 고칠 때는 원고지가 엉망이 되기 일쑤였다.

여러 사람이 문을 막아도 기사, 영상, 그래픽, 자막에서 오류가 나오곤 한다. 깨알같이 작은 문양이 잘못돼 곤욕을 치르는 일도 있다. 오류를 막기 위해서는 뉴스룸에서 일하는 모두가 게이트 키퍼가 되어야 한다.

2) 사실확인

몇몇 방송과 신문은 게이트 키핑에 더해 사실확인(fact checking) 제도를 운영한다. 사실확인 전담자를 두어 작은 오류까지 예방하려는 목적이다. 팩트 체커(fact checker)는 방송에 나갈 뉴스기사의 내용이 사실인지를 점검한다. 확인을 위해 실제발언, 인터뷰, 보도자료와 비교하고 맞춤법과 숫자 오류, 문법에 어긋나는 비문(非文)을 가려낸다. 취재원에게 전화를 걸어 사실여부를 확인하는 경우도 있다.

이 제도는 독일의 주간지 〈슈피겔〉(Der Spiegel)이 1947년에 처음 도입했고 지금은 미국과 유럽의 많은 언론사가 시행한다. 〈뉴욕타임스〉는 80명의 팩트 체커를 두고 있다. 〈뉴욕타임스〉는 2016년 미국 대통령 선거 TV토론 때 도널드 트럼프와 힐러리 클린턴 후보의 발언이 사실에 부합하는지를 하나하나 점검해 독자에게 알렸다. 국내에서는 〈중앙일보〉가 2008년에 사실확인 제도를 처음 도입했고 MBC, JTBC, 〈동아일보〉 등이 이 제도를 운영한다.

3) 사실과 진실

《저널리즘의 기본원칙》은 저널리즘의 첫 번째 목표는 진실추구라고 강조했다(Kovach & Rosenstiel, 2014/2014). 사실과 진실은 무엇이 다른가? 사실은 '실제로 있었던 일'을 말한다. 진실은 '바르고 참되다'는 의미이다. 만약 어떤 정치인이 "나는 거짓말을 하지 않는다"라고 말했다면 정치인이 그 말을 한 것 자체는 사실이다. 그러나 발언만으로 그 정치인의 진실성은 알 수 없다. 사실의 여러 조각을 맞추고 검증해야 진실에 다가갈 수 있다. "아니다", "모른다"라고 부인했다가 증거가 드러난 뒤 마지못해 시인하는 장면을 우리는 현실에서 자주 본다. 사실이 곧 진실이 아님은 필자도 기자로 재직하며 경험한 적이 있다.

1986년 10월 30일, 당시 이규효 건설부 장관은 '북한의 금강산댐 건설'을 발표했다. 이 장관은 북한이 금강산댐에 모아둔 200억 톤의 물을 한꺼번에 방류할 경우, 여의도가 완전히 물에 잠기고 63빌딩 중턱까지 물이 차오를 수 있다고 말했다. 정부는 이에 대한 대책 마련을 위해 국민을 대상으로 성금 모금을 시작했고 '금강산댐 모금 운동'을 하느라 온 사회가 들썩거렸다.

이 발표가 진실일까? 이를 확인하기 위해 당시 세계 최대 규모인 미국 후버댐의 자료를 찾아봤다. 후버댐의 높이는 221미터, 최대 담수량은 352억 톤, 저수면적은 640㎢였다. 후버댐은 그랜드 캐니언을 흐르는 콜로라도 강 협곡을 막았기 때문에 막대한 양의 물을 가둘 수 있었다. 반면 국내 최대 규모인 소양강 댐은 높이가 123미터, 저수용량이 29억 톤, 저수면적이 70㎢였다. 단순계산을 해도 200억 톤의 물을 가두려면 댐의 저수면적이 360∼480㎢는 되어야 했다. 서울시 면적이 604㎢이므로, 서울시의 3분의 2 정도 크기의 저수지를 만들어야 하는데 강원도 북부지역에 그런 지형이 없는 듯 보였다.

데스크에 금강산댐이 200억 톤 규모라는 발표는 사실이 아닌 것 같다고 문제를 제기했다. 대답은 돌아오지 않았고 금강산댐 이야기

는 그렇게 묻혔다. 몇 년이 지나 문민정부 시절인 1993년, 감사원은 금강산댐의 적정 담수량이 27∼59억 톤이라는 감사결과를 내놓았다. 200억 톤의 수치는 허구로 밝혀졌다. 허상을 놓고 법석을 떨었던 금강산댐 사건은 1980년대 한국사회의 부끄러운 자화상이다.

　진실을 은폐하고 호도하려는 기도는 언제든 일어난다. 사실정보만으로는 진실을 알기 어렵다. 분석과 검증을 통해 인과관계를 밝혀야 진위를 알 수 있다. 심층분석과 검증에 관해서는 4부 '리포트기사'의 원인 편에서 자세히 다루기로 한다.

제 3 부

스트레이트 기사

5장

뉴스기사의 종류

2016년 9월 12일 밤 경상북도 경주시 일대에 규모 5. 8의 강진이 발생했다. 지진 관측 이래 가장 강력한 지진이었다. 다음 날 저녁 메인뉴스 앞부분에 다음과 같은 주요뉴스가 방송됐다.

주요뉴스 1
앵커 멘트 경북 경주에서 발생한 관측 사상 최강의 강진 이후 1백여 차례 여진이 밤새 계속됐습니다. 기상청은 6. 0을 넘는 지진이 언제든 일어날 수 있다고 밝혔습니다.

주요뉴스 2
인터뷰 〔경주 시민〕 창문이 다다다 하고 떨어질 판이라고요. 기절할 뻔했어요. 자다가 일어나서….
앵커 멘트 계속된 여진으로 밤새 전국 대부분 지역이 불안에 떨었습니다.

— 〈MBC 뉴스데스크〉 (2016. 9. 13)

첫 번째 주요뉴스는 스트레이트(*straight*) 형식, 두 번째 주요뉴

〈그림 5-1〉 경주 지진 보도화면

스는 리포트(report) 형식이다. 스트레이트 기사는 정보를 압축한 신문기사와 같은 형식이고 리포트는 영상, 인터뷰를 활용해 현장감을 살리는 TV의 뉴스형식이다. 방송기자는 일상적으로 두 가지 형식의 뉴스를 다룬다.

스트레이트는 라디오, 인터넷, 일반 TV뉴스 시간에 방송한다. 보통 기자가 기사를 쓰고 아나운서가 읽는다.

리포트는 기자가 직접 자신의 목소리로 전달한다. 리포트는 사전에 리포트 완제품으로 편집해, 저녁 메인뉴스와 아침 종합뉴스 또는 일반 TV뉴스에 방송한다. 리포트는 보통 1분 30초, 심층보도는 2~3분 길이이다. 뉴스매거진, 시사제작 프로그램은 기자, PD가 제작하는 1시간 내외 길이의 제작물이다.

TV뉴스는 그림과 말로 뉴스를 전달하지만 기사쓰기(writing) 과정을 거친다. 기사쓰기는 뉴스제작의 주요과정이지만 학생들이 어려워하는 부분이기도 하다. 뉴스기사에는 일정한 패턴과 구성이 있

58

다. 이 패턴과 구성을 익히면 어렵게만 생각되던 기사쓰기가 훨씬 쉽게 느껴질 수 있다.

<표 5-1> 뉴스기사의 구분

구분	예시	
스트레이트	· 라디오뉴스, 인터넷뉴스 · 일반 TV뉴스	
리포트	· 리포트 완제품 · 생방송	메인뉴스, 아침뉴스, 일반 TV뉴스
시사제작	뉴스매거진, 시사제작 프로그램	

6장

스트레이트 기사 이해하기

스트레이트 기사는 흔히 역피라미드(*inverted pyramid*) 기사라 부른다. 중요한 정보가 위로 가고 덜 중요한 정보가 아래로 간다. 피라미드를 거꾸로 세운 모양이어서 역피라미드라고 부른다. 이 형식은 1860년대 미국 남북전쟁 때 AP 기자가 전보로 뉴스를 송신할 때 처음 사용했다고 전해진다. 군더더기 없이 요점을 전달하는 장점이 있다. 주요 내용이 앞에 있기 때문에 뒷부분을 잘라도 내용전달에 큰 문제가 없다.

역피라미드 형식은 오랫동안 신문기사의 전형이 됐고 방송에서는 주로 라디오뉴스, 일반 TV뉴스에 쓰인다. 미국 방송의 뉴스블러틴(*news bulletin*), 브레이킹뉴스(*breaking news*)도 모두 스트레이트 형식이다.

1. 스트레이트 기사의 구성

스트레이트 기사는 리드(*lead*)와 본문(*body*)으로 구성된다.

1) 리 드

- 오늘 아침 한강 성수대교가 붕괴됐습니다.
- 오늘 밤 뉴욕 세계무역센터가 무장괴한의 여객기 테러공격을 받았습니다.
- 오늘 밤 숭례문에 불이 났습니다.

리드는 기사의 간판이다. 이처럼 한마디만 들으면 사건의 핵심내용을 알 수 있게 쓴다.

2) 본 문

본문은 뉴스의 내용이다. 보통은 언제(*when*), 어디서(*where*), 누가(*who*), 무엇을(*what*), 어떻게(*how*), 왜(*why*)라는 육하원칙(5W1H)에 따라 기사를 쓰라고 말한다. 그러나 기사를 쓸 때 '언제', '어디서', '누가', '무엇을' 등 육하원칙을 일일이 생각하면서 기사를 쓰는 기자는 드물다. 오히려 혼란을 불러오기 때문이다.

　본문을 쉽게 쓰는 요령은 본문의 첫 문장에 핵심정보를 집어넣는 것이다. 미국에서는 이 문장을 너트쉘(*nutshell*: 견과류 껍질, 알맹이라는 뜻)과 패러그래프(*paragraph*: 문장)의 합성어인 너트 그래프(*nut graph*)라 부른다. 기사작성 시에는 이 문장에 일시, 장소, 사건의 핵심내용을 쓴다. 그다음 문장에 나머지 내용을 정리한다. 사건기사의 경우에는 〈표 6-1〉과 같이 피해·현재상황·원인의 순서로 구성한다.

〈표 6-1〉 스트레이트 기사의 구성

기사구성		내용
리드		핵심내용을 요약
본문	너트 그래프	일시, 장소, 사건개요
	피해상황	인명피해, 재산피해
	다음으로 중요한 사항	현장상황
	원인	사건 발생원인

2. 스트레이트 기사의 문체

신문기사는 몇 번씩 다시 읽을 수 있지만 방송기사는 강물처럼 한 번 흘러가면 되돌리기 어렵다. 그래서 방송뉴스 기사의 문체(*style*)는 쉽고 간결해야 한다. 기사를 작성할 때는 다음을 유의한다.

- 쉬운 말로 쓴다: 기자에게 기사쓰기를 교육할 때 중학생이 알아들을 수 있을 정도의 쉬운 말로 기사를 쓰라고 가르친다. 미국 기자는 쉬운 말을 쓰라는 규칙을 '맘 룰'(*Mom Rule*)이라고 부른다. 자기 엄마한테 이야기하듯이 쉽게 쓰라는 뜻이다.
- 짧게 쓴다: 문장이 짧아야 이해하기 쉽다.
- 말하듯이 쓴다: 쉽게 쓰라는 말과 비슷하다. 기사를 써놓고 말하는 느낌이 날 때까지 다듬는다. 방송기사는 경어체로 쓴다.
- 능동체를 쓴다: '승용차가 버스에 들이받혔습니다'보다 '버스가 승용

차를 들이받았습니다'가 이해하기 쉽다.

• 현재 시점으로 쓴다: '1일', '2일' 대신 '어제', '오늘'이라고 쓴다.

외국 방송사들은 3C를 강조한다. 3C는 명료(*clear*), 간결(*concise*), 정확(*correct*)의 약자이다. 명료함은 모든 사람이 이해하기 쉽도록 분명하게 표현하는 것이다. 간결함은 군더더기 없이 짧게 표현하는 것이다. 그리고 정확함은 사실을 정확히 표현하고 문법에 오류가 없는 것이다. 글을 쉽게 쓰는 것은 어려운 일이다. 오히려 어렵게 쓰는 게 쉬운 일일지도 모른다. 방송은 '말'이다. 자신이 말하는 것을 글로 옮긴다고 생각하면 기사쓰기가 어려운 일만은 아니다.

7장

스트레이트 기사쓰기

1. 발생기사

스트레이트 기사는 새로 일어난 사실을 전하는 발생기사와 기자회견·보도자료·회의내용 등을 전하는 발표기사로 크게 나뉜다. 발생기사는 화재, 교통사고와 같이 새로 발생한 사건에 대해 다루는 기사이다. 숭례문 화재사건, 성수대교 붕괴, 삼풍백화점 붕괴, 세계무역센터 건물 테러, 세월호 사고, 파리 테러가 이 유형에 속한다. 현장을 관찰하고 사실을 확인해 기사를 쓴다.

1) 기사 분석하기

먼저 뉴스에 방송된 기사를 찾아 어떻게 구성됐는지 분석해 보자. 뉴스를 분석하다 보면 패턴을 익힐 수 있다. 2016년 6월 1일 발생한 지하철 공사장 붕괴사고 관련기사를 살펴보자.

<그림 7-1> 지하철 공사장 붕괴사고 보도화면

오늘 아침 경기도 남양주시의 지하철 공사장이 붕괴돼 근로자 4명이 숨지고 8명이 다쳤습니다. 오늘 오전 7시 반쯤 경기도 남양주시 진접읍 지하철 4호선 진접선의 지하 공사장이 붕괴됐습니다. 이 사고로 당시 현장에서 근무하던 근로자 4명이 사망했고 8명이 부상을 당해 인근 병원으로 옮겨져 치료를 받고 있습니다. 지하 15미터 공사장에 아직까지 서너 명이 매몰되어 있는 것으로 추정되고 있습니다. 소방당국은 현장에 매몰된 근로자를 구조하기 위해 수색작업을 벌이고 있습니다. 최초 신고내용에 따르면 사고 당시 큰 폭발음과 함께 흙먼지가 일었던 것으로 전해졌습니다. 경찰과 소방당국은 근로자들이 용접작업을 하던 도중 불꽃이 튀면서 산소통 등이 폭발한 것으로 추정하고 있습니다.

—⟨MBC 뉴스⟩(2016. 6. 1)

이 기사는 ⟨표 7-1⟩과 같이 **리드-사고내용-피해-구조작업-사고원인**으로 구성되어있다. 리드에 뉴스의 전체적 내용이 들었고 본문의 첫 문장인 너트 그래프에는 일시, 장소, 사고내용이 나온다. 그 뒤는 피해상황, 구조작업, 사고원인의 순서로 되어있다.

외국 언론의 기사쓰기도 비슷한 패턴을 보인다. 호주의 저널리스트 잉그램(Ingram, 2012)은 《뉴스 매뉴얼》(*The News Manual*)에서 재해사건 기사에는 인명피해(*casualties*), 재산피해(*damage*), 현장묘사(*description*), 구조·구호(*rescue and relief*), 원인(*cause*), 후속조치(*follow-up action*)에 대한 내용이 포함된다고 밝혔다. 재해사건 기사의 구성요소에 대한 자세한 분류는 〈표 7-2〉와 같다.

〈표 7-1〉 발생기사의 구조

구성	구체적 내용
리드	경기도 남양주시 지하철 공사장 붕괴로 4명 사망, 8명 부상
사고내용 (너트 그래프)	일시: 오늘 오전 7시 반 장소: 경기도 남양주시 지하철 4호선 진접선 공사현장 상황: 공사장 붕괴
피해	근로자 4명 사망, 8명 부상(병원에서 치료 중), 3~4명 매몰
구조	소방당국, 근로자 구조 위해 수색작업
원인	최초 신고 시 큰 폭발음, 흙먼지 발생 경찰과 소방당국, 원인을 산소통 폭발로 추정

〈표 7-2〉 재해사건 기사의 구성요소

구성	구체적 내용
인명피해	사망자, 부상자, 탈출자
재산피해	피해규모, 이름 있는 건물
현장묘사	사건경위, 목격자, 사건 이후
구조·구호	구조·구호활동, 영웅
원인	전문가, 목격자, 사전경고 여부
후속조치	사후조사, 법적책임, 복구작업

출처: 잉그램(Ingram, 2012).

2) 내용을 취재해서 기사쓰기

기사를 분석해 구성 패턴을 익혔다면 이번에는 사고 요약자료를 보고 기사쓰기를 해 본다. 기자들이 취재해서 기사를 쓰는 과정과 유사하다. 〈표 7-3〉은 2014년 8월 13일 일어난 교통사고와 관련된 정보를 요약한 것이다. '제주에서 대형 화물트럭이 택시, 승용차와 충돌해 3명이 사망'했다는 사고의 핵심정보가 리드가 된다. 일시, 장소, 사고내용을 정리하면 본문의 너트 그래프가 된다. 그다음 어떤 인명피해가 발생했는지를 쓴다. 이어서 사고원인, 경찰 조사내용을 정리한다.

제주시에서 대형 화물트럭이 택시와 승용차를 들이받아 3명이 숨지고 4명이 부상했습니다. 오늘 오후 2시 10분쯤 제주시 아라동 앞 도로에서 생수를 가득 싣고 달리던 8.5톤 화물트럭이 택시와 승용차를 잇달아 들이받았습니다. 이 사고로 택시 운전기사와 택시에 탑승한 여대생 2명 등 모두 3명이 숨지고 4명이 부상했습니다. 경찰은 내리막길에서 화물트럭 제동장치가 파열되면서 사고가 일어난 것으로 추

〈표 7-3〉 기사작성을 위한 사건정보 개요 1

구분	상세정보
사고 요약	제주시에서 교통사고로 3명 사망, 4명 부상
일시	오늘 오후 2시 10분쯤
장소	제주시 아라동 앞 도로
사고 주요내용	생수 가득 실은 8.5톤 화물트럭, 택시, 승용차의 연쇄충돌
피해	택시 운전기사, 택시 승객 여대생 2명 등 3명 사망, 4명 부상
원인	내리막길에서 화물트럭 제동장치 파열(경찰 추정)
문제해결	화물트럭 운전기사 상대 경찰 조사 중

정하고 있습니다. 경찰은 트럭 운전기사를 상대로 자세한 사고경위
를 조사하고 있습니다.

—〈제주 MBC 뉴스〉(2014. 8. 14)

3) 리드 보고 기사쓰기

사건 자료를 통한 기사쓰기에 익숙해졌다면 이제는 리드를 보고 마
음속으로 스트레이트 기사를 구상해 본다. 짧은 리드를 바탕으로
전체 기사를 구성하는 훈련이다. 2015년 3월 29일 서울 신촌에서
일어난 싱크홀 사고기사의 리드를 살펴보자.

- 창천동 신촌 현대백화점 인근도로에 싱크홀이 발생했습니다.

   뉴스, 소문을 처음 접할 때 대부분 이같이 짧은 소식을 듣는다.
리드를 읽고 보도를 위해 추가로 확인할 정보를 생각한다.

- 언제, 어디에서 일어난 일인가?
- 싱크홀 크기는 어느 정도인가?
- 싱크홀 발생으로 어떤 피해가 났는가? 인명피해, 차량피해는?
- 싱크홀의 원인은 무엇인가? 조사와 복구는 어떻게 이뤄지나?

   확인이 필요한 자료가 정해졌으면 취재를 통해 자세한 사고내용
을 〈표 7-4〉와 같이 정리한다. 그리고 정리한 내용을 토대로 리드,
본문 순서로 기사를 쓴다.

서울 창천동 신촌 현대백화점 인근 도로에 싱크홀이 발생했습니다. 오늘 낮 1시쯤 서울 서대문구 현대백화점 신촌점 인근 도로가 꺼지면서 가로 1미터, 세로 3미터, 깊이 1미터의 싱크홀이 생겼습니다. 도로지반이 내려앉으면서 하수도 준설차량이 넘어졌습니다. 한 차량의 블랙박스에 찍힌 화면에는 준설차량이 움직이는 순간 땅이 꺼지면서 차량이 옆으로 넘어지는 장면이 포착됐습니다. 준설차량 운전기사는 상처 없이 차량을 빠져 나왔습니다. 트럭이 쓰러질 당시 인도에 지나가는 사람이 있었으나 인명피해는 없는 것으로 알려졌습니다. 현장에서는 원인조사와 함께 복구작업이 진행 중입니다.

지금까지 살펴본 사건·사고 외에도 범죄사건, 시위, 집회, 행사, 스포츠 경기 등 많은 뉴스가 발생기사에 속한다.

〈표 7-4〉 기사작성을 위한 사건정보 개요 2

구분	상세정보
일시	오늘 낮 12시쯤
장소	서울 서대문구 현대백화점 신촌점 앞 도로
사고내용	가로 1미터, 세로 3미터, 깊이 1미터 크기의 싱크홀 발생
피해규모	하수도 준설차량 넘어짐 준설차량이 움직이는 순간 땅이 꺼지며 차량이 옆으로 넘어짐 준설차량 운전자는 무사함 뒤의 차에서 촬영한 블랙박스 화면 있음 인도에 보행자 있었으나 인명피해 없음
사고원인, 후속조치	현장에서 사고원인 조사, 복구작업 중

2. 발표기사

누가 말하거나 발표한 내용을 전달하는 것이 발표기사이다. 발표기사에는 정부부처의 정책발표, 검찰·경찰의 수사결과 발표, 시민단체의 성명, 기자회견 등이 있다. 6·29 민주화 선언(1987), 금융실명제 발표(1993.8), IMF 구제금융 발표(1997.12), 6·15 남북공동선언(2000) 등 역사적 선언은 연설, 발표, 기자회견 형식으로 이뤄졌다.

- 황교안 국무총리는 오늘 부정부패를 사전에 예방하기 위한 4대 백신 프로젝트를 추진하겠다고 밝혔습니다.

- 한국은행이 오늘 기준금리를 0.25% 포인트 인하했습니다.

- 검찰은 오늘 세월호 최종 수사결과를 발표했습니다.

1) 발표기사 구성

발표기사의 역할은 누가 어떤 말을 했는지 전달하는 것이다. 발표한 내용을 정확하게 인용하고 어떤 배경, 목적에서 발언을 했는지를 전한다. 다음으로 발표가 여러 사람에게 미치는 파장을 정리한다. 긍정적 측면, 부정적 측면이 있을 수 있다. 기사 끝에는 발표에 대한 반응을 덧붙인다.

- 발표내용

- 발표배경
- 효과와 문제점
- 반응

　만약 한국은행이 금리인하를 발표했다면 먼저 상세한 발표내용을 쓰고 금리인하 배경을 전한다. 그리고 금리인하가 국민생활에 어떤 영향을 줄 것인지를 분석하고 반응을 알아본다.

　발표기사를 쓸 때 보도자료 내용을 모두 쓸 수는 없다. 핵심을 잡아내는 것이 중요하다. 이처럼 핵심을 강조하기 위해 특정 내용을 부각시키는 것을 '틀 짓기', 프레이밍 (*framing*) 이라고 한다. 틀 짓기는 특정 시각을 부각시킨다는 비판도 받지만 내용을 압축하여 전달하는 데 효과적이다.

2) 발표기사 인용하기

발표기사는 발표내용을 객관적으로 전달하는 것이 중요하다. 취재를 통하여 접하는 발언이나 보도자료는 개인이나 단체의 입장이 포함되어 다소 주관적일 수 있다. 따라서 이를 인용하여 기사를 작성할 때는 다음 사항을 주의한다.

- 중립적 단어를 쓴다.
  - 말했습니다, 밝혔습니다, 설명했습니다, 제시했습니다.

- 강한 주장일 때는 다음과 같이 쓴다.
  - 주장했습니다, 강조했습니다.

- 서로 심각한 주장을 펴거나 공방을 벌일 때는 주관이 섞인 단어를 될 수 있으면 피한다.
  - 비난했습니다, 비판했습니다, 지적했습니다.
  - 요구했습니다, 촉구했습니다.
  - 일축했습니다, 반박했습니다.

3) 발표기사 사례

(1) 일기예보

발표기사의 가장 쉬운 예로 날씨기사를 알아본다. 이 자료는 기상청이 2016년 10월 9일 오후 7시에 발표한 기상전망이다. 다음 날 전국의 기온이 평년기온보다 내려간다는 예보이다.

- 내일 아침기온 서울 7도 전주 9도 대구 10도가 예상되고 한낮에는 서울과 전주 19도 대구 20도가 예상됩니다.
- 당분간 우리나라 상공에 찬 공기가 머물고 맑은 날씨가 이어지면서 평년보다 낮은 기온분포를 보이겠습니다. 낮과 밤의 기온 차가 크겠으니 건강관리에 각별히 유의하기 바랍니다.
- 오늘 밤부터 내일(10일) 아침 사이에 일부 중부지방의 내륙과 산간, 그리고 남부지방의 높은 산간에는 서리가 내리고 얼음이 어는 곳이 있겠습니다. 고랭지 채소와 과일 등 수확기 농작물에 피해가 발생하지 않도록 철저히 대비하기 바랍니다.

이 예보를 보고 기사를 써본다. 먼저 주요 내용을 요약하여 '아침 최저기온이 떨어진다', '낮 최고기온도 낮다', '산간지역에 얼음과 서리가 내린다'와 같은 순서로 정리한다.

〈그림 7-2〉 TV뉴스의 일기예보 보도화면

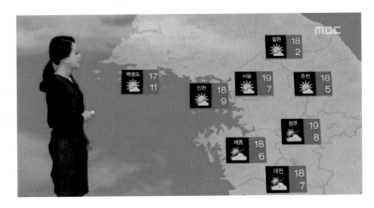

- 내일 아침 쌀쌀: 서울 최저기온 7도(평년기온 12. 3도, 평년보다 5도 이상 낮음), 전주 9도, 대구 10도 등 전국이 쌀쌀.
- 낮에도 낮은 기온: 서울 낮 최고기온 19도(평년기온 21. 9도, 평년 보다 3도 가량 낮음).
- 중부 내륙 산간, 남부 높은 산간에 서리와 얼음: 고랭지 채소와 과 일 등 농작물 피해 유의.

기상 캐스터는 "내일 아침 전국이 쌀쌀하겠습니다"와 같은 방식 으로 기상 예보관의 입장에서 날씨를 전한다. 이를 스트레이트 발 표기사 형식의 뉴스로 옮기면 기상청의 발표를 전달하는 형식을 취 한다. 기상청이 기사의 주어가 된다.

기상청은 내일 아침 서울의 최저기온이 7도까지 내려가 쌀쌀하겠다고 예보했습니다. 기상청은 우리나라 상공에 찬 공기가 머물러 당분간 낮은 기온을 보이겠다고 밝히고 내일 아침 서울의 최저기온이 7도, 전 주 9도, 대구 10도의 분포를 보이겠다고 내다봤습니다. (기상청은)

내일 한낮에도 서울 최고기온이 19도에 머물러 평년기온을 3도 가량 밑돌겠다고 예보했습니다.

기상청은 중부 내륙 산간지역과 남부의 높은 산간에는 밤사이 서리와 얼음이 어는 곳이 있겠다고 밝히고 고랭지 채소와 과일 등 농작물 피해에 유의해 줄 것을 당부했습니다.

(2) WHO 발암물질 발표

프랑스 리옹에 본부를 둔 세계보건기구(WHO) 산하 국제 암 연구소(IARC)는 2015년 10월 26일, 가공육을 1군 발암물질로 분류한다고 발표했다. 이 뉴스는 사회 전반에 큰 파장을 일으켰다. 먼저 WHO의 발표 보도자료를 살펴보자.

국제 암 연구소는 붉은 고기와 가공육의 발암성을 평가했다.

- 붉은 고기: 세계 10개국에서 온 22명의 전문가들은 축적된 과학논문을 면밀히 검토한 결과 붉은 고기를 사람에게 암을 일으킬 제한적 가능성이 있는 발암물질 2A군으로 분류했다.
- 가공육: 가공육은 직장암의 원인이 된다는 충분한 근거를 바탕으로 암을 일으킬 수 있는 발암물질 1군으로 분류됐다.
- 육류소비와 효과: 전문가들은 매일 50그램의 가공육을 먹으면 직장암 발생 위험을 18% 높인다고 결론 내렸다.

"개개인이 가공육을 섭취해서 직장암에 걸릴 위험성은 낮다. 하지만, 육류 소비가 늘어남에 따라 위험성은 높아진다"고 쿠르트 스트라이프 박사는 밝혔다. 가공육은 소금에 절이거나 훈제해 풍미와 보존성을 높인 고기로 핫도그, 햄, 소시지, 육포 등이다.

이 보도자료를 활용하여 다음과 같은 순서로 스트레이트 기사를 작성해본다. 우선 국제 암 연구소의 발표내용을 요약한다.

- 가공육은 암을 일으키는 발암물질 1군으로 분류한다. 매일 50그램의 가공육을 먹으면 직장암 위험이 18% 높아진다.
- 붉은 고기는 암을 일으킬 제한적 가능성이 있는 발암물질 2A군으로 분류한다.

다음으로 리드와 기사에 포함될 내용의 순서를 정리한다.

- 리드: 가장 중요한 핵심내용을 리드로 쓴다.
"소시지와 햄, 핫도그 등 가공육이 발암물질 1군으로 분류됨"
- 본문 1(너트 그래프): 보도자료 발표기관과 일시, 장소와 상세한 발표내용에 대해 쓴다.
"국제 암 연구소가 오늘 가공육을 발암물질로 분류하고 '직장암 발병위험을 높인다는 충분한 근거가 있다'고 그 배경을 설명함"
- 본문 2: 너트 그래프 다음으로 중요한 내용에 대해 쓴다.
"붉은 고기를 발암물질 2A군으로 분류함"
- 본문 3, 4, 5: 발표에 대한 후속자료를 제시한다.
"매일 50그램씩 먹으면 직장암 발병률 18% 상승, 가공육의 종류, 일반인의 직장암 가능성 언급"

정리한 내용으로 스트레이트 기사를 쓴다.

세계보건기구, WHO가 소시지와 햄, 핫도그 등 가공육을 1군 발암물질로 분류했습니다. 세계보건기구 산하 국제 암 연구소는 오늘 가공육이 직장암 발병위험을 높인다는 "충분한 근거가 있다"며 담배와 같은 1군 발암물질로 분류한다고 밝혔습니다. 국제 암 연구소는 붉은 고기는 직장암 발병위험을 높일 제한적 가능성이 있어 2A군 발암물질로 규정한다고 밝혔습니다. 국제 암 연구소는 가공육을 매일 50그램씩 먹으면 대장암 발병률이 18% 높아진다고 밝혔습니다. 가공육은 소금에 절이거나 훈제해 향미를 높인 고기로, 육포도 포함됩니다. 국제 암 연구소는 개인이 가공육을 먹고 직장암에 걸릴 가능성은 낮지만 섭취량이 많아지면 위험성이 높아진다고 밝혔습니다.

가공육이 암을 일으킬 수 있다는 뉴스는 소비자에게 큰 충격을 주었다. 슈퍼마켓과 편의점의 햄, 소시지 매출이 하루 만에 20% 줄어들었다. 파장이 커지자 식품의약품안전처는 11월 2일 한국인의 가공육 섭취량은 우려할 수준이 아니라는 입장을 발표했다. 발표기사의 진행과정을 보면 발표 이후 파장과 함께 반응이 나타난다.

(3) 검찰 수사결과 발표

수사결과 발표, 범죄자 체포도 발표기사에 속한다. 2016년 7월 14일 대검찰청 특임검사팀은 진경준 검사장을 긴급체포했다. 이번에는 이 사건을 소재로 하여 뉴스기사를 작성해본다. 검찰수사 스트레이트 뉴스는 리드-본문-혐의의 패턴을 갖는다.

- 리드: 수사대상자, 혐의개요, 신병 처리상황 등을 쓴다.
  "뇌물혐의를 받는 진경준 검사장이 체포됨"
- 본문(너트 그래프): 발표기관, 일시, 상세 발표내용을 쓴다.
  "특임검사팀이 어젯밤 11시 30분 진경준 검사장을 체포함"
- 혐의내용: 체포한 이유를 쓴다. 여기서는 "검찰은 ~라고 밝혔습니다"와 같이 검찰을 인용하여 혐의내용을 전달한다.
  "검찰은 비상장 주식과 고가차량 입수 경위를 조사함"

제시된 패턴을 참고하면 〈표 7-5〉와 같이 관련자료를 정리할 수 있으며 이를 바탕으로 이 형식에 따라 기사를 써본다. 검찰수사는 일반 국민의 관심이 높기 때문에 〈표 7-6〉과 같이 혐의내용, 수사과정을 자세하게 기사화한다.

검찰, 경찰 관련기사는 법률용어가 많아 형사소송 절차를 알아두는 것이 좋다. 체포는 범죄수사를 위해 일시적으로 신체를 구금하는 것을 말한다. 검찰이 체포한 뒤 48시간 이내에 구속영장을 청구하면 법원은 구속적부심(拘束適否審)을 통해 구속여부를 결정한다. 구속영장이 발부되면 피의자는 구속된다. 검찰은 구속 후 피의자를 조사

〈표 7-5〉 검찰 수사결과 발표 관련자료

구분	내용
리드	진경준 검사장 긴급체포
발표 주요내용	어젯밤 11시 30분, 대검찰청 특임검사팀이 진경준 검사장을 뇌물혐의로 긴급체포
혐의(체포이유)	검찰, 120억 원의 시세차익과 관련하여 혐의 추궁 진경준 검사장 "주식 받았으나 대가성 없었다"
이후 조치	검찰, 구속영장 청구할 방침

〈표 7-6〉 검찰 수사결과 발표기사 예시

구분	상세 내용
리드	넥슨의 비상장 주식을 무상으로 받아 120억 원의 차익을 얻은 혐의를 받는 진경준 검사장이 검찰에 긴급체포됐습니다.
검찰 발표	대검찰청 특임검사팀은 어젯밤 11시 30분 진경준 검사장을 〈특정범죄가중처벌법〉상 뇌물혐의로 체포했다고 밝혔습니다.
혐의	검찰은 진 검사장을 상대로 친구인 김정주 넥슨 대표에게서 비상장 주식을 무상으로 받고 고가의 차량도 받아 사용한 경위를 집중 조사했습니다. 진 검사장은 김정주 대표에게 주식을 받은 뒤 되팔아 120억 원이 넘는 차익을 얻었습니다. 진 검사장은 검찰조사에서 넥슨 측으로부터 주식을 받은 것은 사실이나 대가성 있는 뇌물은 아니라고 부인한 것으로 알려졌습니다.
향후조치	검찰은 이르면 오늘 포괄적 뇌물죄 등을 적용해 진경준 검사장에 대해 구속영장을 청구할 방침입니다.

해 기소한다. 피의자가 기소되면 신분이 피고인으로 바뀐다.

지금까지 스트레이트 기사에 관해 살펴봤다. 스트레이트 기사는 짧은 문장에 핵심정보를 담을 수 있어 오랫동안 뉴스의 기본형식으로 자리 잡았다. 하지만 역피라미드 기사는 딱딱하고 개성이 없다는 비판을 받는다.

스트레이트 기사는 읽는 재미가 없다. 독자에게 감동을 주지 못한다. 제목만 읽어도 내용을 알 수 있으므로 기사 본문은 눈에 안 들어온다. 기사가 천편일률적이다. 형식이 획일적이어서 기자의 개성적 문체를 살리기 어렵다(송상근 · 박재영, 2009).

TV의 메인뉴스에 방송되는 리포트는 스트레이트 기사와 많은 차이를 보인다. 대부분의 TV리포트는 TV의 특성에 맞게 새로 기사를 써서 전달한다. 4부에서는 리포트의 종류와 특징, 구성방법에 대하여 알아볼 것이다.

연습문제

1. 다음 사고내용 요약을 보고 스트레이트 기사를 작성해 보자. 날짜는 오늘로 한다.

- 일시: 2016년 7월 17일 오후 5시 55분쯤.
- 장소: 영동고속도로 인천방향 봉평터널 입구.
- 핵심정보: 57살 방 모 씨가 운전하던 관광버스가 승용차 등 4대를 잇달아 추돌.

• 피해: 승용차에 탑승한 20대 여성 4명 사망, 38명 부상.
• 사고원인: 경찰, 차량 블랙박스 확인결과, 버스가 속도를 줄이지 않고 승용차를 그대로 들이받음. 운전자 과실로 사고가 난 것으로 추정.

2. 간통죄는 1953년에 제정돼 62년간 유지되다가 2016년 2월 26일 헌법재판소의 위헌 결정이 나면서 즉시 폐지됐다. 그날 대부분의 방송 뉴스는 "간통죄가 62년 만에 폐지됐습니다"라는 리드를 썼다. 이날 헌법재판소가 발표한 보도자료(2016.2.26)를 보고 스트레이트 기사를 작성해 보자. 날짜는 오늘로 한다.

[선고]
헌법재판소는 2015년 2월 26일 재판관 7:2의 의견으로, 간통 및 상간행위에 대하여 2년 이하의 징역에 처하도록 규정했던 형법 제241조가 헌법에 위반된다는 결정을 선고하였다. [위헌]
이에 대하여 간통행위를 처벌하는 것은 헌법에 위반되지 않는다는 재판관이정미, 재판관 안창호의 반대의견과 재판관 이진성의 다수의견에 대한 보충의견이 있다. 심판대상조항은 선량한 성풍속 및 일부일처제에 기초한 혼인제도를 보호하고 부부 간 정조의무를 지키게 하기 위한 것으로서, 헌법상 보장되는 성적 자기결정권 및 사생활의 비밀과 자유를 제한한다.

3. 오늘 방송, 신문에 보도된 뉴스 중 5개를 골라 각각 한 문장으로 리드를 써 보자.

4. 스트레이트 뉴스의 장점과 단점은 무엇인지 서술해 보자.

제 4 부

리포트 기사

8장

리포트의 이해

1. 리포트 구성 형식

옷가게의 대형 통유리가 갑자기 박살이 납니다. 점원들은 크게 놀라 가게 밖으로 뛰쳐나옵니다. 편의점에서는 진열대 물건이 우수수 떨어집니다. 아스팔트 도로는 위아래로 크게 요동치고 길바닥은 기다랗게 쩍 갈라졌습니다. 아파트 옥상 물탱크도 터졌습니다.

— ⟨MBC 뉴스데스크⟩ (2016. 9. 13)

2016년 9월 경상북도 경주시 일대에 규모 5. 8의 지진이 강타한 다음 날 뉴스리포트의 한 부분이다. 지진 당시의 옷가게, 편의점, 도로, 아파트 물탱크를 하나씩 묘사했다.

리포트는 스트레이트에 압축해 넣은 정보를 다시 풀어서 전달한다. 리포트 형식은 다양하다. 내러티브 형식으로 기사를 쓰거나 원인과 문제점을 깊이 있게 분석한다. 리포트에는 영상, 인터뷰, 스탠드 업, 기자 리포팅 같은 다양한 요소가 들어간다.

뉴스리포트의 내용을 배치하는 것을 구성(composition)이라고 한

다. 구성은 취재한 정보를 어떤 순서로 배열하고 어떤 것을 강조할지
를 결정하는 중요한 과정이다. 소설, 영화, 드라마의 플롯(plot) 과
같은 개념이고 건물을 지을 때의 설계도와 같다. 긴급한 사안을 전하
거나 사건의 1보를 전할 때는 리포트에서도 스트레이트 구성을 사용
하지만 대부분의 리포트는 스트레이트에서 벗어나 다양한 구성으로
진화했다. 신입기자로 입사하면 스트레이트 형식을 먼저 배우고 리
포트 제작을 배워나간다.

필자는 2015년부터 대학에서 방송뉴스 리포팅을 강의하면서 TV
뉴스를 체계화하려고 고심했다. 이 책에서는 방송 현장에서 오래전
부터 보도특집물을 만들 때 사용한 구성방법을 체계화해서 소개하
려고 한다. 리포트는 내용에 따라 실태, 원인, 근본원인, 문제해
결, 전망의 5개 부분으로 나눌 수 있다.

① 실태: 현재 일어나는 상황, 현상과 문제, 이슈, 사건을 말한다.
② 원인: 현재의 결과를 가져 온 까닭, 배경이다.

③ 문제점: 근본원인을 말한다. 원인이 직접원인이라면 근본원인은 문제를 끊임없이 유발하는 제도적, 환경적 요인을 말한다.

④ 문제해결: 문제의 원인을 제거하거나 대안을 제시해 문제를 해결하는 것을 말한다.

⑤ 전망: 미래에 다가올 상황과 트렌드를 내다보는 일이다.

이 책에서는 각 부분을 하나의 블록으로 생각하고 한 블록씩 공부하기로 한다. 이 블록을 쌓아나가면 다양한 형식의 리포트를 만들 수 있다. 5개 블록을 모두 쌓으면 심층보도 리포트가 된다. 5단계를 모두 익혔다면 이를 응용하는 것은 쉽다. 실태를 중점적으로 다루면 단순 실태보도가 되고 실태, 원인, 문제해결을 다루면 문제해결 리포트가 된다. 더 깊이 문제를 파고들면 심층보도가 된다. 리포트를 구성유형별로 정리하면 〈그림 8-2〉와 같다.

〈그림 8-2〉 각 블록 간의 결합을 통한 리포트 구성법

1) 실태 리포트

단순한 사실전달, 인간 스토리와 같은 내용을 다룰 때 사용하는 형식이다.

2) 문제제기형 리포트

실태를 보여준 뒤 문제점을 지적하거나 문제를 보여준 뒤 원인분석을 한다. 전자의 경우는 미세먼지 실태와 문제점을 다루는 기사를, 후자의 경우는 부실공사 현장을 보여준 뒤 원인을 분석하는 기사를 예로 들 수 있다.

3) 문제해결형 리포트

문제의 현장을 점검한 뒤 원인을 분석하고 문제해결책을 찾는다. 대학교의 글쓰기 교재들은 이러한 현상-원인-해결책의 3단계 글쓰기를 문제해결 유형으로 분류한다.

4) 심층보도

심층보도는 실태, 원인, 문제점(근본원인)까지 분석하는 것을 말한다. 일반적 심층보도는 문제해결책이나 전망을 덧붙인다. 성수대교 붕괴사고를 심층보도 형식으로 구성하면 〈표 8-1〉과 같이 정리가 가능하다.

이처럼 원인, 문제점, 문제해결, 전망에 관하여 분석하고 정보를 모으면 하나의 심층보도 리포트를 만들 수 있다. 심층보도는 단순한 사실전달이 아니라 현상을 심층적으로 분석하는 리포트이다. 심층보도 구성을 익히면 사안을 종합적으로 볼 수 있다.

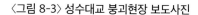

〈그림 8-3〉 성수대교 붕괴현장 보도사진

〈표 8-1〉 심층보도 구성 예시

구분	상세 내용
실태	1994년 10월 21일 오전 7시 38분 성수대교 제10번과 제11번 교각 사이 48m의 상부 트러스가 붕괴됐다. 상판이 붕괴되면서 버스와 승용차 등 6대 차량이 추락해 32명이 숨지고 17명이 부상했다.
원인	다리 상판을 받치는 철골 구조물의 붕괴 때문이다.
문제점 (근본원인)	무거운 화물차가 개통 후 15년 동안 제한 없이 다리를 통과했고 서울시는 교량 관리와 보수를 제대로 하지 않았다. 정밀검사 결과, 부실시공 사실도 확인됐다.
문제해결	부실시공 관련자 처벌, 다리 재시공, 시설물 안전관리 강화 등의 대책이 필요하다.
전망	성수대교 붕괴는 정치적, 사회적으로 큰 파장을 불러올 것으로 전망된다. 정치적 책임, 시공사에 대한 제재, 법규 강화가 예상된다.

이민웅(1997) 전 한양대 교수는 〈신문연구〉(현 〈관훈저널〉)에 게재한 글을 통하여 심층보도가 되려면 다음 4가지 조건을 충족시켜야 한다고 말했다.

- 사건 중심적이기보다는 문제 또는 상황 중심적 기사
- 정보 전달과 함께 설명(원인 추적)을 모색하는 기사
- 계량하고 평가하고 판단하는 기사
- 발생기사는 물론 기획에 의한 발굴기사에 대해서도 다양한 정보원을 취재하여 다각적 심층정보를 전달하는 기사

5) 집중보도

하나의 리포트에 여러 구성요소를 포함하는 심층보도와는 달리, 집중보도는 하나의 주제를 중심으로 하는 개별 리포트 여럿을 모아 제작한다. 주로 여론의 주목을 받는 대형사건의 경우 집중보도의 대상이 되며 여러 명의 기자가 투입돼 여러 각도에서 현장을 취재한다. 각 기자는 하나의 리포트를 제작하지만 여러 리포트가 모여 심층보도와 유사한 구성을 이룬다.

2015년 9월 6일 제주 추자도 인근에서 낚싯배 돌고래호가 전복돼 18명의 인명피해가 발생했다. MBC는 사고 당일 실태, 원인, 문제점, 인간스토리로 구성된 9개의 리포트로 사고소식을 집중보도했다. 사고 다음 날 후속보도에서는 사고수습과 문제해결 리포트가 주를 이뤘다. 양일간 이어진 이 보도는 집중보도의 좋은 예시라고 할 수 있다. 집중보도를 구성한 각 리포트의 자세한 내용은 다음과 같다.

〈표 8-2〉 집중보도 구성 예시

보도일자	순서	제목	리포트 구성
사고 당일	1	10명 사망, 8명 실종	실태
	2	이 시각 현재 수색	실태
	3	사고 당시상황	실태(사고발생 순간)
	4	출발부터 전복	실태(시간대별 상황)
	5	3명의 생존자	실태(목격자 증언)
	6	악천후 무리한 운항이 원인	원인
	7	해상안전 부실	문제점(규정위반)
	8	골든타임 놓친 해경	문제점(대처부실)
	9	동호회 회원 참변	인간 스토리
사고 다음 날	1	수색 총력전, 수사 본격화	문제해결
	2	표류예측 시스템 문제없나?	문제점 + 문제해결
	3	구명조끼 착용규정의 허점	문제점 + 문제해결

출처: 〈MBC 뉴스〉(2015.9.6~2015.9.7).

● 사고 당일
- 리포트 1: 전체 사건을 요약했다.
- 리포트 2: 보도 당시 상황을 중계차를 연결해 알아봤다.
- 리포트 3~5: 사고 당시 상황, 사고의 재구성, 사고 당시 증언을 보도했다.
- 리포트 6: 사고원인으로 악천후 속 무리한 운항을 지적했다.
- 리포트 7, 8: 해상안전과 해경의 대처 문제점을 지적했다.
- 리포트 9: 사고와 관련된 인간 스토리를 전했다.

● 사고 다음 날
- 리포트 1: 수색, 수사를 통해 문제를 해결하는 노력을 보여줬다.
- 리포트 2, 3: 표류예측 시스템, 구명조끼 착용규정의 허점을 지적하고 문제해결을 촉구했다.

2. 심층보도 구성과 과학

인과관계를 분석하는 심층보도는 과학의 연구과정과 유사하다. 뉴턴은 사과가 땅에 떨어지는 현상을 보고 그 원인을 탐구했다. 여기서 만유인력의 법칙이 탄생했다. 중력의 법칙 발견에 따라 지구가 태양 주위를 돌고 달이 지구 주위를 도는 현상을 설명할 수 있게 됐다. 20세기에는 중력의 지식을 이용해 하늘을 날고 먼 우주에 우주선을 쏘아 올렸다.

　　과학은 현상을 정확히 기술(記述, *description*) 하고 인과관계를 설명(說明, *explanation*) 하고 미래를 예측(豫測, *prediction*) 하고 통제(統制, *control*) 하는 일이다. TV뉴스는 현상을 보여주고 인과관계, 문제점을 분석하고 문제해결책을 찾고 전망하는 일이다. 심층보도 구성과 과학의 목표는 같은 지향점을 가졌다.

〈표 8-3〉 심층보도 구성과 과학의 목적

심층보도 구성	과학의 목적
실태	기술
원인, 문제점 (근본원인)	설명
전망	예측
문제해결	통제

3. 배경 스토리와 미래 스토리

세계적 통신사 AP의 설문조사는 심층보도의 중요성을 보여준다. AP는 2007년 젊은 세대의 뉴스 소비실태를 알아보기 위해 미국, 영국, 인도 세 나라 젊은이 18명을 심층 조사했다. 조사에 참가한 젊은 이들은 처음에는 뉴스를 열심히 찾아보더니 점차 뉴스피로(*news fatigue*) 현상을 보였다. 사실보도(*facts*)와 후속보도(*updates*)는 많은데 사건의 배경을 보여주는 배경 스토리(*back story*)와 전망을 보여주는 미래 스토리(*future stories*)가 적었기 때문이다.

AP는 뉴스수요에 대응하기 위해 '새로운 뉴스모델'(*A New Model for News*)을 개발했다. 이 모델은 사실보도, 후속보도, 배경 스토리, 미래 스토리를 패키지로 제공하는 방법이다. 사실보도에서 더 깊이 들어가 배경을 분석하고 미래를 전망하는 심층보도 구성은 미래형 뉴스모델로 평가할 수 있다.

〈그림 8-4〉 설문조사 결과 그래프

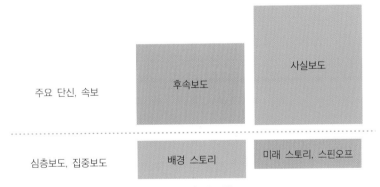

주: 네모의 면적이 클수록 이용가능한 콘텐츠가 많음을 뜻함.

출처: Associated Press(2008).

지금까지 리포트의 전체 구성을 알아봤다. 이제 블록을 하나씩 들여다보면서 리포트 제작방법을 살펴본다.

〈그림 8-5〉 AP 새로운 뉴스모델

출처: Associated Press (2008).

〈표 8-4〉 '심층보도 구성'과 'AP 새로운 뉴스모델'의 비교

심층보도 구성	AP 새로운 뉴스모델
실태	사실보도, 후속보도
원인, 문제점	배경 스토리
문제해결, 전망	미래 스토리

연습문제

1. 스트레이트 기사와 리포트 기사의 차이점에 대해 서술해 보자.

2. 과학의 목적은 현상을 정확히 기술하고 설명, 예측, 통제하는 일이다. 과학의 목적과 리포트의 구성요소(실태, 원인, 문제점, 문제해결, 전망) 간에는 어떤 유사점이 있는지 서술해 보자.

9장

리포트 구성: 실태

1. 실태 뉴스의 작성법

1991년 1월 17일 새벽, 바그다드에 미군의 크루즈 미사일이 떨어지기 시작했다. 이라크군의 방공포와 예광탄이 불을 뿜었다. 피터 아넷, 버나드 쇼, 존 홀리만 등 CNN의 기자 3명은 바그다드 라시드 9층 호텔방 창문을 열어놓고 위성전화로 걸프전 상황을 생방송했다. 전화기 너머로는 폭발음과 방공포 연발 사격소리가 들려왔다.

> 남쪽 하늘이 방공포 사격 불빛으로 환하게 빛납니다. 눈부신 붉은색, 황색 섬광이 번쩍거립니다. 아…! 지금 바그다드 중심지에 폭탄이 떨어지고 있습니다.
>
> — *CNN Live* (1991. 1. 17)

리포트의 첫 부분인 실태는 '현재 어떤 일이 일어나는가?'(What is happening now?)를 보여주는 것이다. 뜨겁게 달아오르는 뉴스의 현장, 문제의 현장을 보여주는 일이다.

실태기사를 쓸 때 중요한 점은 정확하고 이해하기 쉽게 전달하는 것이다. 정확한 전달을 위해서는 과학적 접근, 이해하기 쉬운 전달을 위해서는 내러티브 형식으로 전달하는 것이 효과적이다. 과학적 방법과 내러티브에 관해 살펴본다.

1) 과학적 연구방법

실태 보도는 눈에 보이는 것을 기록해 그대로 전하는 일이다. 실태는 현상을 관찰해 객관적으로 묘사하는 과학적 연구방법의 기술연구(記述硏究, *descriptive research*)와 같은 역할을 한다. 기술연구에는 관찰(*observation*), 서베이(*survey*), 사례연구(*case study*)가 있다.

(1) 관 찰

관찰(觀察)은 '그냥 바라보는 것'(*see*)이 아니라 '주의 깊게 살펴보는 것'(*observe*)이다. 갈릴레이는 망원경으로 천체를 관측해 목성의 위성, 달의 반점, 태양의 흑점을 발견했다.

새로운 발견은 관찰에서 나온다. 과학자는 실험실같이 제한된 환경에서 현상의 변화를 관찰하거나 야외에서 또는 사람들이 활동하는 일정한 공간에 들어가 관찰한다. 뉴스취재, 기사쓰기에도 관찰은 중요하다. 관찰하면서 정보를 기록하고 묘사한다. 언제 어디에서 어떤 사건이 일어났고 상황이 어떻게 전개됐는지 현장모습과 사람들의 행동을 자세히 묘사한다.

(2) 서베이

서베이는 설문조사나 인터뷰를 통해 현재상황에 대한 자료를 수집하는 일이다. 인구센서스, 사회지표조사, 여론조사, 설문조사가 여기에 포함된다. 서베이는 비행기로 항공사진을 찍듯이 전체적 상황을 살펴보기 위한 조사이다. 인구센서스와 사회지표조사는 인구, 연령, 소득, 직업, 질병, 실업률 등 사회의 현주소를 보여주며 여론조사는 대통령선거, 총선, 지방선거에서 유권자의 지지성향을 알 수 있는 중요한 지표이다.

(3) 사례연구

사례연구는 개인이나 개별집단을 연구해 새로운 법칙성을 발견하려는 연구이다. 과학자가 몇 개의 사례를 집중연구해 일정한 법칙성을 찾아내는 것, 경영대학원의 기업사례 연구, 대법원의 판례연구가 사례연구의 대표적 예시이다. 뉴스에서도 개인사례를 통해 층간소음, 부실공사, 보이스피싱 같은 사회문제를 제기하는 것을 흔히 볼 수 있다. 실제사례가 통계수치보다 현실의 문제를 더 실감나게 전달한다.

2) 내러티브 기사쓰기

(1) 내러티브의 이해

2001년 1월 26일 저녁 7시 15분, 도쿄 신주쿠의 신오쿠보역은 퇴근하는 사람으로 붐볐다. 한국인 유학생 이수현 씨는 아르바이트를 마치고 기숙사로 돌아가려고 전철을 기다리던 중이었다. 이때 갑자기 승강장에 선 한 남자가 술에 취해 선로에 떨어졌다. 이수현 씨는 취객을 구하려고 다른 일본인과 함께 선로로 뛰어들었다. 취객을 일으키려는 순간 전동차가 달려와 세 사람은 모두 목숨을 잃었다. 이수현 씨는 음악과 자전거 타기를 좋아하고 일본을 공부하고 싶어 했던 한국 청년이었다. 그는 평소 일기에 "나는 건강하다. 나는 젊다. 나는 나보다 못한 사람을 도울 것이다. 위험에 처한 사람을 도울 것이다. 나는 이수현이다"라고 썼다. 그의 이야기는 많은 일본인

〈그림 9-2〉 이수현 씨 사고현장 보도사진

<표 9-1> 내러티브의 구분

구분		예시	
내러티브	이야기	배경, 인물, 사건	
	담화	플롯	
		서술행위	말, 영화적, 발레적, 무언극

을 감동시켰다.

현실에서 일어나는 이야기는 영화보다 극적이다. 내러티브 기사는 사건의 이러한 극적인 면을 살리기 위해 역피라미드형의 딱딱한 기사에서 벗어나 이야기나 소설처럼 쓰는 기사를 말한다. 내러티브는 '말하다'라는 뜻의 라틴어 'narrate'에서 나온 말로 사실을 이해하기 쉽고 효과적으로 전달하기 위한 표현 양식이다. 호메로스의 《일리아드》, 《오디세이》가 대표적 내러티브이다. 다른 말로는 서사(敍事) 혹은 스토리텔링(storytelling)이라고도 한다. 서사는 사건을 순서에 따라 이야기하는 것을 말하며 스토리텔링은 이야기(story) + 말하기(tell) + 행위(ing)의 합성어이다. 스토리텔링은 픽션을 포함하는 개념이기 때문에 저널리즘에서는 내러티브라고 부른다.

미국의 영화서사 이론가 채트먼(Chatman, 1980)은 《영화와 소설의 서사구조》(Story and Discourse)에서 내러티브를 이야기와 담화로 나누어 설명했다. 이야기는 말 그대로 사건의 전후를 말한다. "옛날 옛적에 흥부와 놀부가 살았다"처럼 시간순서에 따라 이야기한다. 이야기에는 배경이 있고 인물이 나오고 사건이 있다. 이야기를 잘 풀어내는 것이 소설, 논픽션 글쓰기이다. 퓰리처상 심사위원을 맡았던 하트(Hart, 2011/2015)는 저서 《논픽션 쓰기》(Storycraft)에서 스토리는 주인공이 시련을 해결해나가는 과정이라고 설명했다. 그는

"스토리는 공감을 일으키는 인물이 뜻하지 않게 난감한 상황에 직면하나 그에 굴하지 않고 돌파구를 찾으려 할 때 발생하는 일련의 행위로 이뤄졌다"고 말했다.

담화(談話, *discourse*)는 어떻게 서술하느냐에 관한 것이다. 담화에서 가장 중요한 요소는 플롯이다. 이야기가 시간순서에 따른다면 플롯은 작가의 의도에 따라 순서를 재배치한다. 영화 〈국제시장〉의 첫 장면은 2014년 부산 국제시장 '꽃분이네' 가게에서 시작한다. 화면이 바뀌며 눈 내리는 흥남부두에서 주인공과 여동생이 헤어지던 1950년 12월로 돌아간다. 현재를 보여주다가 과거로 가고 다시 현재로 돌아온다.

영국의 소설가 포스터(Forster, 1927/1990)는 플롯에는 반드시 인과관계가 있어야 한다고 말했다. 그는 왕과 왕비의 연이은 죽음에 대한 이야기를 예로 들어 다음과 같이 설명했다. **"왕이 죽고 나서 왕비가 죽었다."** 이 문장은 시간순서에 따른 이야기이다. 왕의 죽음과 왕비의 죽음 사이엔 인과관계가 없다. 여기에 인과관계가 들어가면 플롯이 된다. **"왕이 죽자, 슬픔을 이기지 못해 왕비도 죽었다."** 왕과 왕비의 죽음이 인과관계로 연결되면서 이야기는 훌륭한 내러티브가 됐다.

영화감독과 작가는 플롯 외에도 영상, 음악, 편집으로 자신의 색깔을 불어넣는다. 《춘향전》의 이야기는 하나지만 작가, 감독의 의도에 따라 색깔과 느낌이 달라진다. 내러티브는 단순한 이야기가 아니라 이야기하기, 스토리텔링이다. 내러티브는 현대에 들어 많은 분야에서 활용된다. 소설, 영화, 연극, 드라마뿐만 아니라 저널리즘, 교육, 광고, 만화, 게임에 내러티브가 쓰인다.

내러티브에 대한 관심이 높아진 것은 이야기가 사람들에게 가장 친숙한 형식이기 때문이다. 이인화(2014)는 저서 《스토리텔링 진화론》에서 내러티브의 속성을 다음과 같이 설명했다.

- 스토리는 사람들이 과거에 경험하지 못했던 놀랍고 멋지고 새로운 이야기를 전해준다.
- 스토리는 감정체험을 통해 기억하도록 유도하는 성질이 있다.
- 스토리는 오랫동안 생명력과 유용성을 갖게 하는 장기 지속성이 있다.
- 스토리는 사건, 사물과 함께 사람의 흔적을 전달한다.

그는 서사의 이러한 속성 때문에 《일리아드》, 《오디세이》, 《논어》가 수천 년 동안 생명력을 갖고 사람들에게 기억된다고 말한다.

(2) 내러티브 저널리즘

최초의 내러티브 기사는 1965년 커포티가 쓴 〈인 콜드 블러드〉(*In Cold Blood*)가 꼽힌다. 커포티는 〈티파니에서 아침을〉로 유명한 소설가이자 극작가이다. 그는 1959년 〈뉴욕타임스〉에 난 살인사건 기사를 읽고 현장으로 달려갔다. 그는 몇 년 동안 이 사건에 매달려 잡지 〈뉴요커〉(*The New Yorker*)에 장편기사를 썼다.

11월의 그날 아침, 일요일 아침 아주 이른 그 시간에, 어떤 낯선 소리가 홀컴의 밤에 흔히 들리는 소음, 즉 코요테의 날카롭고 신경질적인 울음소리, 말라비틀어진 잡초더미가 스윽스윽 굴러가는 소리, 다가왔다가 멀어지는 자동차의 경적 속으로 파고들었다. 그 당시 잠들어 있던 홀컴 마을에서는 아무도 그 소리를 듣지 못했다. 결국에는 모두 여섯 명의 목숨을 앗아가는 네 발의 엽총소리를(Capote, 2013/2013).

실화를 소설형식으로 쓴 이 기사는 책으로 만들어져 베스트셀러가 됐다. 내러티브 기사는 당시 뉴 저널리즘(New Journalism)으로 불리며 붐을 이뤘다. 2001년 하버드대학의 니만 재단(Nieman Foundation)은 내러티브 저널리즘을 별도의 기사쓰기 유형으로 정의하고 관련 교육과 연구를 지원하고 있다.

TV뉴스의 내러티브 논의도 오랜 역사를 가졌다. 미국 NBC뉴스의 전 사장 루벤 프랭크(Reuven Frank)는 1963년 직원들에게 TV뉴스의 내러티브적 성격을 강화해야 한다는 내용이 담긴 메모를 보냈다. 그는 뉴스도 드라마와 같은 내러티브 요소를 가져야 한다고 말했다.

모든 TV뉴스기사는 고결함과 책임을 희생하지 않는 범위 내에서 픽션, 드라마의 속성을 보여야 한다. 뉴스는 구조와 갈등, 문제와 대단원, 올라가는 움직임과 내려가는 움직임, 시작, 중간, 끝이 있어야 한다(Epstein, 2011).

시드니대학 교수 던(Dunn, 2005)은 TV라는 미디어 자체가 내러티브적 요소를 가진다고 말했다. 그녀는 TV뉴스의 내러티브적 특성을 다양한 각도에서 정리했다.

- 영상은 시간에 따라 사건이 전개되는 내러티브 요소를 가진다.
- 음향은 사건의 현장성, 의미, 분위기를 전달한다.
- 앵커, 리포터가 내레이터로 등장한다.
- 뉴스의 음악과 애니메이션, 스튜디오 세트도 내러티브이다.
- 영상프레임, 음향, 영상편집이 효과를 강화한다.
- 내러티브 형식은 인간 스토리, 문화, 스포츠 등 인간흥미를 다루는

소프트뉴스에 강점을 보인다.

• TV뉴스는 정치, 경제와 같은 하드뉴스를 인간흥미의 시각으로 다룬다.

던은 TV뉴스는 시청자에게 강한 영향을 주고, 쉽게 이해할 수 있고, 오래 기억하게 하고, 인간적 감정에 호소하는 특징을 가졌다고 말했다. 그러나 내러티브적 요소가 저널리즘의 본질을 훼손할 수 있다며, 뉴스가 진실과 객관성을 충족시키려면 리포터는 권위 있고 신뢰할 수 있는 내레이터가 돼야 한다고 지적했다.

(3) 내러티브 기사쓰기의 실제

학자들은 내러티브의 구성요소에 관해 다양한 의견을 제시한다. 배경, 인물, 플롯, 갈등, 주제, 관점, 문학적 장치, 화자 등 여러 요소를 든다. 인터렉티브 미디어를 연구하는 미국 카네기멜론대학 교수 데이비슨(Davidson, 2008)은 내러티브 요소를 배경, 인물, 플롯, 주제 4가지로 요약했다. 배경은 이야기가 진행되는 시간과 장소를 말한다. 인물은 이야기에 등장하는 사람, 플롯은 이야기의 구성, 주제는 이야기의 메시지이다.

1989년 6월 중국 청년 한 명이 베이징 톈안먼 광장에서 무력진압에 항의하며 탱크에 맞섰다. 청년이 거대한 탱크에 맞서는 장면은 CNN을 통해 전 세계로 방송됐다. 그는 시사주간지 〈타임〉(Time)에 의해 20세기 가장 중요한 인물의 하나로 선정됐다. '탱크맨'의 이야기를 어떻게 내러티브 기사로 쓸 것인가? 내러티브 기사를 배경, 인물, 플롯, 주제의 4가지 요소로 구성해 본다.

〈그림 9-3〉 톈안먼의 탱크맨 보도화면

〈표 9-2〉 내러티브 기사 구성예시

구분	상세
배경	톈안먼 시위 무력진압 다음 날, 탱크 행렬 이동
인물	쇼핑백을 든 신원불명의 남자
플롯	남성은 죽음을 무릅쓰고 맨몸으로 탱크 앞을 막아섬
주제	무력진압에 저항하는 시민정신

먼저 이 상황을 〈표 9-2〉와 같이 정리하고 4가지 요소를 생각하면서 기사를 쓴다. 처음에 배경을 쓰고, 인물을 등장시키고, 인물의 행동을 글로 묘사한다. 주제는 직접적 표현보다 반응, 평가를 종합해 객관적으로 표현한다.

톈안먼 광장에서 군의 유혈진압으로 수백 명의 학생과 시민이 사망한 다음 날인 1989년 6월 5일 아침, 톈안먼(天安門) 앞 창안지에(長安街)에 육중한 탱크가 줄지어 이동한다. 주위의 행인들이 겁에 질려 달아나는데 한 청년이 도로 한가운데 서서 탱크를 가로막는다. 청년은 양손에 비닐로 된 쇼핑백을 들었다. 그는 쇼핑백을 흔들며 탱크를 향

해 돌아가라고 손짓한다. 탱크가 옆으로 방향을 틀려고 하자 탱크 앞
으로 달려가 막는다. 그는 탱크를 계속 막고 섰다가 주위 사람에 이끌
려 자리를 떠났다. 전 세계인은 맨몸으로 탱크에 맞선 청년의 용기에
찬사를 보냈다.

이 스케치를 바탕으로 영상과 인터뷰를 결합하고 문장을 압축해
뉴스리포트를 만든다. 내러티브 기사는 시간에 흐름에 따라 사건
을 쉽게 전달하고 극적 긴장감을 준다. 영상과 결합하면 효과는 더
욱 커진다.

(4) 사진보고 내러티브하기

'퓰리처상' 인터넷 사이트에서는 역대 수상자의 수상작품을 볼 수
있다. 사이트에 게재된 사진을 보면서 배경과 인물, 플롯, 주제를
생각하는 연습을 해본다.

〈그림 9-4〉 디모인 강에서 여성을 구하는 건설노동자 사진기사

출처: *The Des Moines Register* (2009).

2009년 6월 미국 디모인 강에서 물에 빠진 여성을 구하는 건설노동자의 사진은 진한 감동을 준다. 60대 노부부는 디모인 강에서 보트를 타고 가다가 급류에 휘말려 배가 뒤집어졌다. 남편은 물에 빠져 숨지고 여성은 구명조끼만 입은 채 허우적거렸다. 이때 댐 건설노동자가 크레인의 체인을 자신의 몸에 묶고 구조에 나섰다. 여성을 구하려고 길게 뻗은 사진 속 건설 노동자의 손은 하늘에서 내려온 신의 손처럼 느껴진다. 사투 끝에 이 여성은 생명을 건졌다.

사진으로 연습을 한 다음에는 유튜브(YouTube)의 동영상을 보면서 연습하고 뉴스와 다큐멘터리를 많이 시청해 보기를 권한다.

2. 리포트의 문체

방송뉴스 기사쓰기의 첫째 원칙은 쉽게, 짧게, 말하듯이 쓰는 것이다. 다음 원칙은 영상과 조화를 이루는 것이다. 리포트 기사쓰기에 도움이 되는 지침을 알아본다.

1) 주어와 동사를 활용하라

행동, 상황, 사건을 묘사할 때 주어와 동사를 쓴다. 주어에는 사람, 단체, 건축물, 자동차, 사건 등이 올 수 있다. 동사는 움직임을 나타낸다.

● 프로기사 이세돌이 제 4국에서 인공지능 알파고에게 불계승을 거뒀

습니다.

- 정부는 7월에서 9월까지 석 달간 한시적으로 전기요금을 내리기로 했습니다.
- 경기도 남양주시의 지하철 4호선 연장 공사장이 무너졌습니다.
- 오늘 경주시 일대에서 규모 5.8의 지진이 발생했습니다.

주어, 동사로 된 글은 이해하기 쉽고 실생활에서 가장 많이 쓰는 문장이다. 그러나 추상적인 글, 설명문, 논설문에 익숙해진 학생들은 구체적 행동을 묘사하는 글쓰기를 더 어려워한다. 소설, 논픽션 글 읽기와 다큐멘터리 감상이 TV뉴스 기사쓰기에 도움이 될 수 있다.

2) 기사와 영상 맞추기

"개를 이야기했으면 개를 보라"(Say dog, see dog). 미국 포인터 미디어연구소의 톰킨스(Tompkins, 2012)는 그의 저서 《에임 포 더 하트》(Aim for the Heart)에서 기사와 영상의 시너지를 강조했다. 화면에 보이는 영상과 다른 이야기를 하면 시청자는 혼란을 느낀다.

시사제작 PD는 영상을 먼저 편집하고 글은 나중에 쓴다. 기자는 기사를 먼저 쓴다. 내용을 전달하는 데 중점을 둔다. 내용을 앞세우면 영상효과가 떨어지는 단점이 있다. 기사와 영상을 맞추려면 영상을 보면서 시간과 내용을 메모하고 그 메모를 보며 기사를 쓴다. 신문기사는 글로 상황을 묘사하기 때문에 수식어를 사용해 자세하게 설명하는 반면 TV뉴스기사는 영상에 맞게 짧고 쉽게 쓴다. "설명하지 말고 보여주라"(Show, don't tell)는 말은 TV뉴스의 리포트에 알맞은 격언이다.

3) 영상이 돋보이게 써라

영상에 맞춰 기사를 쓰라는 것은 문자 그대로 기사를 영상에 맞추라는 뜻은 아니다. 기사와 영상은 보완관계이다. 영상을 보여주면서 기사로 보완하는 것이 바람직하다. 미국 대학의 저널리즘 교재들은 개의 영상이 TV에 나온다면 개에 관해 자세히 묘사할 필요 없이 "그 개가 사람의 친한 친구"라든지, "어린이의 생명을 구했다"라는 설명이 더 낫다고 조언한다. 아침 해를 묘사한 두 개의 문장을 보자.

- 아침 5시 15분 태양이 거대한 오렌지 볼처럼 수평선 위에 떠올랐다.
- 아침 해가 뜨는 모습은 또다시 고된 산불진화에 나서야 하는 수십 명의 자원봉사자에게 그리 반가운 광경은 아니었다(Tuggle, Carr & Huffman, 2013).

앞의 글은 문자 그대로 해가 떠오르는 장면을 묘사했다. 뒤의 글은 태양의 열기와 산불 진화작업의 이미지가 겹쳐져 자원봉사 소방대원의 어깨가 더 무겁게 느껴진다.

4) 저널리스트 출신 작가의 문체를 참고하라

저널리스트 출신 작가의 작품 속에는 저널리스트의 체취가 강하다. 헤밍웨이의 글은 글쓰기를 배우는 사람들에게 고전으로 통한다. 문장이 짧으면서도 강렬하다. 헤밍웨이는 젊은 시절 신문기자 생활을 통해 글쓰기를 연마했으며, 불필요한 수식어를 빼고 행동을 간결하게 묘사하는 훈련을 했다. 그는 자신의 소설 《무기여 잘 있거라》(*A*

Farewell to Arms) 에서 주인공 프레드릭이 애인 캐서린의 죽음을 맞는 장면을 다음과 같이 묘사한다.

그러나 그들을 내보내고 문을 닫고 전등을 끄고 나서도 아무 소용없었다. 그것은 조각상에게 작별인사를 하는 것 같았다.
잠시 후 나는 밖으로 나와 병원을 떠나 빗속에서 호텔로 걸어서 돌아갔다(Hemingway, 1929).

이 글에는 프레드릭이 눈물을 흘리거나 슬퍼하는 모습은 보이지 않는다. 사랑하는 사람을 잃고 빗속을 걷는 남자의 모습만 보일 뿐이다. 《헤밍웨이의 삶과 언어예술》을 쓴 권봉운(2013)은 과감하게 생략하는 '빙산의 원리'(Iceberg Theory)가 헤밍웨이 문체의 특징이라고 분석했다. 이 용어는 《오후의 죽음》(*Death in the Afternoon*)에 나오는 다음 구절에서 따왔다.

빙산이 위엄 있게 움직일 수 있는 것은 8분의 1만이 물 위에 떠있기 때문이다(Hemingway, 1932).

헤밍웨이의 글은 TV리포트 기사와 같이 간결해 기사쓰기에 참고할 만하다.
작가 김훈도 젊은 시절 신문기자로 활동했다. 김훈은 간결하고 힘 있는 문장으로 많은 독자를 가졌다. 그는 소설 《흑산》에서 바다 위를 나는 날치를 살아 움직이는 듯 묘사했다.

초여름에는 날치 떼가 바다 위를 날았다. 날치는 꼬리로 수면을 때리면서 몸을 공중에 띄우고 가슴지느러미를 날개처럼 펼쳐서 물 위를 날아갔다(김훈, 2011).

그는 어류학자 같은 관찰로 날치의 움직임을 세밀하게 묘사했다. 그는 날치가 나는 동작을 4단계로 나누었다.

- 꼬리로 수면을 때린다.
- 몸을 공중에 띄운다.
- 가슴지느러미를 날개처럼 편다.
- 물 위를 날아간다.

움직임을 나누어 묘사하면 동작과정이 슬로비디오처럼 되살아난다. 이 묘사방법은 사건·사고가 일어난 과정을 보여주거나 다음과 같이 선수들의 역동적 동작을 묘사할 때 효과적이다.

1958년 스웨덴 월드컵 브라질과 스웨덴의 결승전 후반 10분, 17살의 축구천재 펠레는 월드컵 역사상 '가장 아름다운 골'을 성공시켰다. 펠레는 왼쪽에서 올라온 센터링을 받아 상대 수비수 한 명을 제치고 앞으로 달려드는 다른 수비수 머리 위로 공을 띄웠다. 공중에 올라간 공이 포물선을 그리며 떨어지는 사이 펠레는 수비수 뒤로 돌아들어 공이 땅에 닿기 전에 가볍게 발리슛을 때렸다. 공은 직선으로 날아가 골 망을 흔들었다. 신기에 가까운 펠레의 골에 상대편 스웨덴 관중도 기립박수를 보냈다.

움직임을 자세히 관찰해야 움직임을 묘사할 수 있다. 관찰은 기사쓰기의 출발점이다.

5) 묘사를 활용하라

영어의 'description'은 기술, 묘사(描寫)로 번역된다. 기술은 정확하게 기록한다는 객관성에 무게를 둔다. 묘사는 객관적 묘사와 주관적 묘사를 모두 포함한다. 주관적 묘사는 "꽃처럼 아름답다"와 같이 주관적 판단과 감정을 표현한다.

묘사에 관한 책을 쓴 미국 작가 맥클라나한(McClanahan, 1999)은 책 제목을 《워드 페인팅》(Word Painting)이라고 붙였다. 글로 그림을 그린다는 뜻이다. 맥클라나한은 좋은 묘사를 하기 위한 다섯 가지 방법을 다음과 같이 제시한다.

- 사물을 정확한 언어로 표현하라.
- 음악적 언어로 표현하라.
- 눈에 보이듯 감각적으로 표현하라.
- 살아 움직이는 듯 생생하게 표현하라.
- 때로 은유를 사용하라.

뉴스는 객관적 사실을 전달하지만 사무적 사고조사 보고서나 과학논문은 아니다. 객관적 사실을 전하되 생생한 언어로 표현해야 전달력이 높아진다. 지금까지 이야기한 글쓰기 지침은 조언일 뿐이다. 스스로 관찰하고 탐구하고 연마하는 게 최선의 길이다.

3. 실태 보도의 실제

지금까지 과학적으로 관찰법, 내러티브 기사 작성법, 리포트의 문체에 대해 알아보았다. 이번에는 실제 리포트의 사례를 직접 살펴볼 것이다.

1) 실태 리포트의 예시

실태에 어떤 내용을 담을 것인가? 실태는 새로 발생한 문제의 현장을 보여주는 것이 1차적 기능이다. 사회문제를 폭로하고 피해와 영향을 보여주는 것이 모두 실태에 포함된다.

(1) 생방송으로 새로운 뉴스 전달

현재 일어나는 사건을 시청자에게 생방송으로 전달하는 형식이다. 2008년 2월 10일 저녁 숭례문에 화재가 발생했다. 방송사들은 정규 뉴스를 끊고 화재상황을 생방송으로 전했다.

> 네. 지금 숭례문이 불길에 휩싸여있습니다. 2층에서 시뻘건 화염과 검은 연기가 계속 뿜어 나오고 있습니다. 수십 대의 소방차가 크레인을 이용해 숭례문 누각에 집중적으로 물을 뿌리는 중이지만 불길은 쉽게 가라앉지 않고 있습니다.
> 오늘 오후 8시 처음 불이 나기 시작할 때만 해도 흰 연기만 보이더니 2시간이 지난 현재 불길이 점점 더 커지고 있습니다. 2층 누각에서 시작된 불이 현재는 1, 2층 전체로 번졌습니다.
>
> —〈MBC 뉴스〉(2008. 2. 10)

〈그림 9-5〉 숭례문 화재현장 보도

생방송은 바로 눈앞에서 현장을 보는 것처럼 긴박함과 흥분을 느끼게 한다. 미국의 로컬 TV뉴스들은 지역에서 일어난 사건·사고를 수시로 생방송한다. 산불, 대형 교통사고, 총격사건, 범죄자 체포현장 등을 속보(breaking news)나 정규뉴스 시간에 생방송한다. CNN을 비롯해 여러 나라에 24시간 생방송 뉴스채널이 생기고 한국에도 생방송 뉴스채널이 2개로 늘어난 것은 뉴스정보를 최대한 빨리 얻으려는 시청자의 욕구를 반영한다.

(2) 리포트로 압축해 뉴스 전달

리포트로 실태를 전할 때는 현장상황을 요약해 전달한다. 현장생방송은 아니지만 영상과 현장음향, 인터뷰, 기자 리포팅을 결합해 눈앞에 보이는 듯 전달한다. 보스턴 마라톤 대회 폭탄테러 사건(2013. 4. 15)의 경우 스트레이트 기사와 리포트 기사는 많은 차이를 보인다. 먼저 스트레이트 뉴스를 보자.

〈그림 9-6〉 보스턴 폭탄테러 보도화면

미국 보스턴 마라톤 대회 도중 폭탄테러가 발생해 백여 명의 사상자가
발생했습니다. 현지시간으로 오늘 오후 3시쯤 보스턴 마라톤 결승점
부근에서 여러 개의 폭발물이 연쇄적으로 폭발했습니다. 현재까지 3
명이 숨지고 백여 명이 중경상을 입은 것으로 확인됐습니다.
　　　　　　　　　　　　　　　　　　　　　─〈MBC 뉴스〉(2013. 4. 16)

　스트레이트 기사는 사건의 결과를 전한다. 처음에 어디서 폭발물
이 터졌고 어떻게 해서 많은 사상자가 났는지 과정을 설명하기 어
렵다. 시청자는 사건의 경위를 궁금해 한다. 리포트 기사는 처음
폭발물이 터지는 순간부터 시작해 현장에서 사건을 목격한 시민들
의 이야기를 전한다.

　리포트 오후 2시 50분.
　(현장음) 쾅!
　공기를 가르는 굉음. 15초 뒤 90미터 뒤에서 다시 한 번. 두 번의 폭발

음과 함께 이 도시 축제의 날은 지옥으로 변했습니다. (현장음) 관중
들은 비명을 지르며 정신없이 사방으로 흩어졌고 선수들은 몇 미터 앞
결승전을 밟지 못한 채 일제히 소리 반대쪽으로 내달렸습니다.

인터뷰 폭탄이 내 옆에서 터진 것 같았고 충격파가 내 전신을 덮쳤어
요. 다리가 후들후들 떨려 결국 쓰러졌습니다.

리포트 화창했던 하늘은 잿빛 연기로 뒤덮였고 땅은 피와 잔해만 남아
전쟁터를 방불케 합니다.

인터뷰 이런 폭발은 이라크나 이스라엘에서나 들을 수 있을 겁니다.

리포트 오늘 마라톤에 2만 3천 명이 참가했고 관중 50만 명이 몰렸습니
다. 지금까지 폭발로 인한 공식 사망자는 3명, 부상자는 140여 명에
달합니다.

— 〈MBC 뉴스〉(2013. 4. 16)

보스턴 마라톤 테러현장의 참상을 영상과 현장음향 중심으로 전
했다. "관중은 비명을 지르며 흩어졌고 선수들은 반대쪽으로 내달
렸다", "하늘은 잿빛 연기로… 땅은 피와 잔해만 남아" 등의 감각적
표현을 많이 사용했다. 폭발물 사건의 결과로 3명이 사망하고 140
여 명이 부상한 사실은 맨끝 문장에 배치했다. 리포트 기사에 보스
턴 마라톤 대회라는 설명은 나오지 않는다. 앵커 멘트에서 장소를
소개했고 자막으로 표시했다.

(3) 문제제기 리포트

리포트 첫 부분에 문제의 현장을 보여준다. 시청자는 부실공사 현
장이나 공원에 버려진 쓰레기, 물고기가 떠오른 하천 등 현장화면
을 보면 바로 문제를 직감할 수 있다.

문제는 현재 상태와 바람직한 상태 사이의 차이(*gap*)를 말한다.

정상보다 모자라거나 넘치는 비정상적 상태이다. 사회문제는 많은 사람에게 심각한 영향을 주는 문제이다. 사회질서를 해치는 부정과 비리, 시민의 생명과 재산을 위협하는 재난과 범죄, 사회발전을 위해 개선돼야 할 사회갈등·청년실업·저출산·고령화문제를 사회문제라 할 수 있다.

2014년 5월 충남 아산시에 신축 중인 오피스텔이 피사의 사탑처럼 옆으로 기울었다. 사건에 대한 당시 리포트를 살펴보자.

리포트 한쪽으로 심하게 기울어진 오피스텔 건물. 1층 기둥이 부러져 휘어진 철근이 훤히 드러나 있고 건물 곳곳에도 균열이 생겼습니다. 보시는 것처럼 7층짜리 건물 두 동 중 한 동이 20도가량 기운 상태입니다. 119에 건물이 기울었다는 신고가 접수된 것은 오전 8시 7분쯤. 인근 공사장에서 일하던 인부들도 굉음에 놀라 급히 피해야 했습니다. 인터뷰〔주변 공사장 인부〕뚝뚝뚝뚝 그러면서 소리가 나잖아요. 건물이 넘어갈 때는. 그리고 조금 있다가 쾅 한 거죠.

— 〈KBS 뉴스〉(2014. 5. 12)

리포트는 오피스텔 건물이 얼마나 옆으로 기울어졌는지 외경부터 보여준다. 범위를 좁혀가면서 문제의 심각성을 살펴본다. 그리고 처음 어떻게 건물이 기울어졌는지를 취재한다. 이 건물은 보도 6일 후 철거작업 도중에 주저앉았다. 뉴스가 나가자 지방자치단체가 조사에 나서고 검찰도 수사에 나섰다. 문제제기 리포트에서 더 깊이 들어가 숨은 부정과 비리를 파헤치는 것이 탐사보도이다.

(4) 사건과 피해, 영향을 보여주는 리포트

사건·사고의 실태는 피해와 영향을 포함한다. 사실상 알맹이라 할 수 있다. 태풍, 홍수가 일어나면 뉴스는 얼마나 많은 인명과 재산 피해가 났는지, 얼마나 넓은 지역, 많은 사람에게 영향을 주는지를 보도한다. 새로운 경제정책, 국제적 문제가 발생했을 때 그 영향을 보여주는 것도 실태 보도이다.

2011년 3월 12일과 14일 일본 후쿠시마 원자력 발전소가 잇달아 폭발했다. 방사능 물질이 대량으로 누출됐다. 방사능 오염범위가 얼마나 되고 사람들에게 어떤 영향을 주는지를 자세히 전해야 피해를 예방하는 데 도움을 줄 수 있다.

> 리포트 오늘 오전 11시 1분쯤, 후쿠시마 원전 3호기에서 섬광이 번쩍이더니 두 차례에 걸쳐 폭발이 일어났습니다. 폭발로 건물 외벽은 무너져 내렸고 희뿌연 연기는 수백 미터 상공으로 올라가서 사라질 줄 모릅니다. … 도쿄전력 직원과 자위대원 등 11명이 다쳤고 1명은 중상인 것으로 전해졌습니다. 방사선 누출이 우려되자 원전에서 반경 20킬로미터 안에 사는 주민들은 황급히 대피했습니다.
> 인터뷰 〔후쿠시마 현 주민〕 폭발 충격으로 지금 정신이 없어요. 원전 주변에서 사는 게 이제는 힘들 것 같아요.
> 리포트 원전 2호기도 냉각장치에 문제가 생겨 원전에 대한 주민들의 불안은 가시지 않고 있습니다.
>
> — 〈SBS 뉴스〉 (2011. 3. 14)

방사능 피해는 당초 예상을 뛰어넘었다. 방사능 오염범위는 반경 20킬로미터를 넘어 40킬로미터 이상으로 번졌고 지하수와 강물을 오염시켰다. 체르노빌 급의 대형재난으로 커졌다. 오염된 물은 태

<그림 9-7> 후쿠시마 원전사고 7개월 후의 방사능 지도

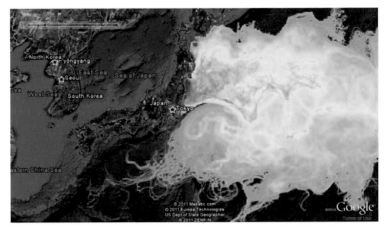

출처: ASR Limited (2010.8.11).

평양으로 흘러들어갔다. 해양생물의 오염 우려가 커지자 여러 나라가 일본 수산물의 수입을 금지했다.

〈그림 9-7〉은 사고 7개월 후인 2011년 10월에 촬영한 방사능 지도로, 방사능이 얼마나 넓게 확산됐는지를 보여준다. 지도에 후쿠시마 원전은 한 점에 불과하지만 영향은 일본 동쪽바다와 태평양을 뒤덮었다. 실태를 보도할 때는 사건 하나만 보는 것이 아니라 사건이 몰고 올 전체상황을 생각해야 한다.

2) 내러티브 형식으로 실태기사 쓰기

TV뉴스 리포트의 실태기사는 대부분 내러티브 형식이다. 여러 유형의 내러티브 기사를 살펴본다.

(1) 현재상황 제시 유형

상황제시 유형의 기사는 현재 눈에 보이는 사건·사고현장을 보여준다. 사고발생 순간을 담은 CCTV 화면이나 개인이 촬영한 비디오를 활용할 수 없는 상황이라면, 현장의 현재상황을 보여주면서 리포트를 시작한다.

2015년 9월에는 인천 부평역 인근에서 작업 중이던 크레인이 철로 쪽으로 쓰러지는 사고가 일어났다. 이 사고에 대한 상황제시 유형의 기사를 작성할 경우, 우선 크레인이 무너져 전철운행이 중단된 현장상황을 보여주고 사고발생 경위, 피해순서로 기사를 정리한다.

- 크레인이 무너진 현장상황에 대한 개요, 크레인 붕괴 영향으로 전철운행 중단사실 보도
- 크레인의 붕괴원인 분석
- 피해상황 파악
- 사고로 말미암은 전철운행 중단구간 안내

정리된 내용을 통해 다음과 같이 기사를 작성할 수 있다.

대형 크레인이 철로에 넘어져 옆으로 쓰러져 있습니다. 선로 위에 쓰러져 있는 크레인 때문에 양방향 전철 운행도 이루어지지 않고 있습니다. 사고가 난 건 오늘 오후 2시 30분쯤. 인천시 부평동 부평역 인근에서 오피스텔 신축공사 현장에 있던 대형 크레인 2대가 넘어졌습니다. 크레인은 부평에서 백운 사이 2개 철로 쪽으로 쓰러졌습니다. 이 사고로 크레인 운전자 1명을 포함해 아래서 작업을 하던 현장근로자 2명 등 모두 3명이 다쳐 병원으로 옮겨졌습니다.
이 사고로 전기공급이 끊기는 등 지하철 운행에도 차질이 빚어지고 있

습니다. 현재 수도권 전철 경인선 부천에서 인천까지 양방향 운행도
전면 중단된 상태입니다.

—⟨YTN 뉴스⟩ (2015. 9. 16)

대형 크레인이 넘어졌고 양방향 전철운행이 중단된 상황을 리포
트의 첫 부분으로 보여주었다. 크레인이 붕괴된 현장에서 시작해
발생경위를 살펴보고 사고 때문에 발생한 인명피해, 재산피해, 영
향(경인선 부천-인천 양방향 전철운행 중단)을 구체적으로 전했다. 이
기사의 구성은 ⟨표 9-3⟩과 같이 정리할 수 있다. 현재상황 묘사부
분 이후의 사고발생 기사는 스트레이트 뉴스와 비슷하다. 최근 리
포트를 보면 현장감을 살리기 위해 앞부분에서 현장상황을 보여주
고 뉴스정보를 전하는 방식을 많이 사용한다.

⟨표 9-3⟩ 크레인 붕괴사고 기사의 구성

구분	상세 내용
현재상황	크레인 붕괴, 전철운행 중단
사고발생	오늘 오후 2시 30분 인천시 부평동, 크레인 붕괴
인명피해	3명 부상
재산피해	전기공급 중단
교통영향	경인선 부천-인천 양방향 통행 중단

(2) 시간대별 구성 유형

사건·사고발생 초기부터 촬영한 영상이 있다면 뉴스는 하나의 스
토리가 된다. 전형적 내러티브 기사라 할 수 있다. 9·11 테러, 숭
례문 화재사건, 세월호 침몰사고는 비교적 긴 시간에 걸쳐 사건이
진행됐다. 이 사건들은 시간대별로 기사를 구성해 사건의 전말을

보여줄 수 있다. 시간대별 구성은 사건을 종합한 리포트 뒤에 후속 리포트로 전하는 것이 일반적이다. 하나의 아이템으로 묶는다면 먼저 시간대별 상황을 보여주고 원인, 문제점을 다루는 것이 효과적이다. 인천시 송도 어린이집에서 발생한 보육교사의 어린이 폭행사건 보도를 살펴보자. 당시의 뉴스는 다음과 같은 구성으로 되어있다. CCTV 영상을 통해 시간대별 움직임을 보여주었다.

- 배경: 점심시간, 어린이집 내부
- 인물: 보육원생, 보육교사
- 플롯: 보육교사가 김치 안 먹는다고 폭행
- 주제: 어린이에 대한 가혹행위

앵커 멘트 어린이집 교사가 반찬을 남긴다는 이유로 네 살배기를 심하게 폭행했습니다. 잇따르는 어린이집 폭행, 대체 왜 이럴까요? 보도에 김준범 기자입니다.

리포트 인천 송도의 한 어린이집에서 지난 8일 오후에 벌어진 일입니다. 어린이 원생 한 명이 교사 앞에 겁먹은 듯 서있습니다. 잠시 뒤 교사가 강하게 내려치자, 어린이는 나가떨어집니다. 충격을 못 이기고 한동안 자리에서 일어나지 못합니다. 교사는 아무 일도 없다는 듯 급식판을 가지고 자리를 뜹니다. 뒤늦게 CCTV를 확인한 학부모들은 분통을 터뜨립니다.

인터뷰 저걸 보고 내가 기가 막혀가지고. 여기 앉아서.

리포트 경찰 조사결과, 어린이집 교사 33살 양 모 씨는 피해 어린이가 김치를 안 먹고 남기자 이를 훈육한다며 폭행한 걸로 드러났습니다.

— 〈KBS 뉴스〉(2015. 1. 13)

리포트는 인물의 움직임과 표정까지 자세히 묘사했다. 이 리포트

〈그림 9-8〉 송도 어린이집 폭행사건 보도화면

는 인물의 움직임을 모두 주어와 동사로 묘사했다.

인천 송도의 한 어린이집에서 지난 8일 오후에 벌어진 일입니다. 어린이 원생 한 명이 교사 앞에 겁먹은 듯 서있습니다. 잠시 뒤 교사가 강하게 내려치자, 어린이는 나가떨어집니다. (어린이는) 충격을 못 이기고 한동안 자리에서 일어나지 못합니다. 교사는 아무 일도 없다는 듯 급식판을 가지고 자리를 뜹니다. 뒤늦게 CCTV를 확인한 학부모들은 분통을 터뜨립니다.

뉴스는 단순한 화제성 이야기가 아니다. 어린이집 안전과 어린이 인권문제를 다룬다. 이 리포트는 뒷부분에 경찰조사를 전달해 뉴스의 특성을 살렸다. 서울 용산에서 발생한 싱크홀 사고 리포트도 비슷한 유형이다. 행인이 인도를 걷다가 싱크홀에 빠졌다. CCTV 화면이 있을 경우 시간의 흐름에 따라 리포트를 구성할 수 있다.

- 배경: 오늘 오후, 서울 용산역 버스 정류장 앞 인도
- 인물: 버스에서 내려서 인도를 걸어가는 사람
- 플롯: 갑자기 땅이 꺼지며 싱크홀에 빠짐, 20분 후에 구조됨
- 주제: 위험한 서울의 인도

앵커 멘트 버스정류장 주변의 보도블록이 갑자기 꺼지면서 5미터 깊이의 구멍이 생겼고 이 사고로 두 사람이 다쳤습니다. 김나라 기자가 취재했습니다.

리포트 오늘 오후, 서울 용산역 앞 버스정류장. 버스에서 내린 사람들이 보도블록 위를 걸어가는 순간, 보도블록이 밑으로 꺼집니다. 곧바로 두 명이 이 구멍에 빠져버립니다. 지름 1.2미터, 깊이 5미터의 싱크홀입니다. 20대 남녀 두 명은 다리를 다친 채 20여 분 동안 갇혀 있다가 구조됐습니다. 싱크홀이 생긴 인도 바로 옆에서는 주상복합 건물 신축공사가 진행되고 있습니다.

―〈MBC 뉴스〉(2015. 2. 20)

최근 거리와 건물에 많은 CCTV가 설치되고 차량 블랙박스 보급이 늘어나면서 이러한 화면을 이용한 리포트가 많이 늘어났다. CCTV 화면은 사건의 결정적 순간을 담은 경우 뉴스보도에 효과적으로 활용할 수 있다. 그러나 간혹 개인의 사생활을 노출하거나 폭력적, 선정적 장면을 담은 CCTV 화면이 방송돼 물의를 빚기도 한다. CCTV 화면을 사용하는 목적이 범죄예방 등 공익을 위한 것인지 사용 전에 깊이 생각해 봐야 한다.

(3) 장소를 옮겨가며 취재하는 유형

서로 다른 공간에서 일어난 일을 이야기하는 내러티브이다. 사건 발생지역이 넓거나 여러 곳에 걸쳐 있으면 장소를 이동하며 사건을 전한다. 2016년 9월 경북 경주시 일대에서 발생한 규모 5. 8의 지진은 전국을 놀라게 했다. 경주시 지역의 주택 담과 지붕이 무너지고 원자력 발전소가 가동을 중단했다. 조금 떨어진 부산, 울산의 고층 아파트에 사는 주민들은 놀라 밖으로 뛰쳐나왔다. 서울, 광주, 대전, 수원, 순천에서도 진동이 느껴졌다. 지진발생 다음 날 뉴스는 여러 곳에서 동시에 경험한 지진상황을 전했다.

> 리포트 지진이 발생한 경주에서 200킬로미터 떨어진 대전. 250킬로미터 떨어진 수원.
> 녹취 내 몸이 흔들렸어!
> 리포트 300킬로미터 떨어진 서울. 광주와 순천에도 충격은 전해졌습니다. 30초도 안 되는 짧은 흔들림이었지만 이번 지진의 위력을 실감하기에는 충분한 시간이었습니다.
> 녹취 흔들려! 흔들려! 지진인가 봐. 계속 흔들려.
> 리포트 두 번째 지진의 진동은 더욱 컸습니다.
> 녹취 아까보다 더 센 거 아니야? (무서워.) 큰일 났다.
> 리포트 지진을 처음 느껴본 시민들은 놀란 발걸음을 재촉했습니다.
> ─〈KBS 뉴스 9〉(2016. 9. 13)

수해, 전염병 사태, 부동산값 상승 등은 넓은 지역에 걸쳐 나타난다. 이 뉴스를 보도하려면 여러 지역을 이동하며 취재해야 한다. 서울 지하철 9호선은 2015년 3월 말 연장개통 이후 엄청난 혼잡이 빚어져 '지옥철'이라는 악명까지 얻었다. 이런 문제를 보도할 때 직접 지하철을 타고 이동하며 취재하면 지하철역마다 달라지는 혼잡상황을 생생하게 전할 수 있다. 기자가 직접 체험하며 현장실태를 묘사하는 르포타주(reportage) 도 이러한 리포트의 한 유형이다.

(4) 높은 곳에서 관찰하는 유형

설과 추석 연휴기간 전국의 고속도로는 귀성, 귀경차량으로 몸살을 앓는다. 고속도로 전체상황을 보여주려면 하늘에서 내려다보는 것이 효과적이다. 홍수와 태풍, 폭설과 같이 피해지역이 넓을 때 항공취재를 활용한다. 최근 드론(drone) 이 많이 보급되면서 이를 활용한 취재가 늘어났다. 기자가 직접 현장을 보면서 리포트를 할 경우에는 헬리콥터를 이용한다.

성수대교 붕괴사건 당시 헬리콥터를 타고 취재한 리포트를 살펴보자. 먼저 붕괴된 성수대교 전경을 보여주고 붕괴된 문제의 상판과 희생자가 발생한 차량의 모습을 스케치한다. 이어서 현장에서 구조작업을 벌이는 소방대원과 경찰의 모습을 전한다.

앵커 멘트 오늘 성수대교 주변에는 구조대원들이 한 사람이라도 더 구하기 위해서 치열한 구조활동을 벌였습니다. 기자가 사고현장을 헬기를 타고 돌아봤습니다.
리포트 사고가 난 성수대교는 마치 칼로 자른 듯 두 동강이 나 있습니다. 떨어진 교각 상판은 지진의 폐허를 연상케 할 정도로 심하게 일그러져 있습니다. 성냥갑처럼 납작하게 짓눌린 버스는 휴지처럼 구겨져 사고 당시의 참혹함을 그대로 보여주고 있습니다. 지금 한창 구조작업이 진행되는 사고현장 구조현장입니다. 모두들 한 사람의 생존자라도 더 찾기 위해서 혼신의 힘을 다 하고 있습니다. 현장에 먼저 도착한 소방대원들은 사망자들을 찾아내 헬기에 실어 급히 병원으로 옮겼습니다.

— 〈MBC 뉴스〉(1994. 10. 21)

성수대교 사고현장의 모습과 구조작업이 한눈에 들어온다. 항공취재는 전체상황을 이해하는 데 도움이 된다.

(5) 사례를 통한 보도 유형

개인이나 집단이 직접 체험한 일은 내러티브 요소가 강하다. 개인의 사례가 의미를 가지려면 여러 사람이 관련된 사회적 문제이어야 하고 사회적 이익과 관련이 있어야 한다. 개인의 작은 이야기는 사회의 큰 이슈로 발전할 수 있다.

스마트폰 해킹사례를 보도한 뉴스를 살펴보자. 이 뉴스는 앞부분에서 스마트폰 해킹 피해자의 사례와 인터뷰를 보여주고 다른 피해 사례를 제시한다. 한 사람의 사례를 통해 스마트폰 해킹의 피해를 실감케하고 여러 사람에게 일어날 수 있는 사회문제임을 지적한다.

앵커 멘트 스마트폰 앱에 저장한 신용카드 번호 등을 해킹당해 피해를 입는 사례가 잇따르고 있습니다. 김영은 기자입니다.
리포트 이 40대 회사원은 얼마 전 문자메시지를 받고 깜짝 놀랐습니다. 스마트폰 앱을 파는 구글 스토어에서 특정 앱 15개, 8만여 원어치를 잇달아 구입해 결제했다는 알림이었지만 정작 자신은 모르는 일이었습니다.
인터뷰 [신○○ (피해자)] 진짜 황당하죠. 승인이 안 되게 하려면 어떻게 하냐고 물었더니 '구글 지갑에 가면 그런 게 (신용카드 정보가) 있다. 그거 삭제하면 결제가 안 될 거다.'

리포트 비슷한 피해사례가 잇따르고 있습니다.

—〈KBS 뉴스〉(2013. 12. 8)

실태는 리포트에서 가장 큰 비중을 차지한다. 실태관련 보도는 눈에 보이는 세계를 시청자에게 현실에 가깝게 전달하는 일이다. 사실을 정확하게, 현장감 있게, 이해하기 쉽게 전달하는 것이 가장 중요하다.

지금까지 실태보도에 관해 살펴보았다. 스케치 기사나 단순한 사실을 전할 경우 실태를 보여주는 것만으로 마무리할 수 있다. 하지만 사회문제는 복잡한 인과관계로 묶여있다. 실태 전달만으로는 사건의 진상을 알기 어렵다. 사건과 문제가 왜 발생했는지 원인을 살펴봐야 한다. 10장에서는 원인을 자세히 분석해 본다.

연습문제

1. 2016년 9월 1일부터 서울 시내의 지하철 출입구 10m 이내에서 담배를 피우다 적발되면 10만 원 이하의 과태료를 내야 한다. 현재 지하철 입구 금연이 잘 지켜지는지, 흡연자들은 어떤 행동을 취하는지 실태를 조사해 보자.

2. 지하철 2호선 열차가 방금 서울 시청역을 출발했다. 다음 역은 을지로입구역이다. 열차가 시청역을 출발해 을지로입구역에 도착 후 다시 출발하기까지 과정을 서술해 보자.

3. 해마다 추석 연휴가 되면 수도권 고속도로는 귀성차량들로 정체현상을 빚는다. 헬리콥터를 타고 생방송하는 상황을 가정하고 경부고속도로 서울요금소 주변의 교통상황을 스케치해 보자.

4. 미국 현지시간으로 2009년 1월 15일 유에스 항공(US Airways) 소속 에어버스 320 여객기가 뉴욕의 허드슨 강에 불시착했다. 여객기가 새떼와 충돌해 양쪽 엔진이 모두 멈추자 여객기 기장 설렌버거(Chesley Sullenberger)는 여객기 동체를 강물에 착륙시켰다. 기장의 신속한 상황판단 덕분에 155명의 승객과 승무원 전원이 생명을 구했다. 허드슨 강의 기적(Miracle on the Hudson)이라 불리는 이 사건은 이후 2016년 〈설리〉(*Sully*)라는 제목으로 영화화됐다. 사건상황을 시간대 별로 정리한 다음 자료를 보고 사고 여객기 이륙에서 구조까지의 과정을 내러티브 기사로 써 본다.

· 오후 3시 24분: 뉴욕 라구아디아(La Guardia) 공항 이륙
· 오후 3시 27분: 새떼와 충돌. 충돌 직후 뉴욕공항 관제탑과 교신. 설렌버거 기장, "공항으로 가기 어렵다. 허드슨 강에 착륙한다"고 응답.
· 오후 3시 31분: 허드슨 강 불시착. 탑승객 여객기에서 탈출. 허드슨 강 인근의 페리 선박과 뉴욕 소방본부 선박, 헬리콥터 출동.
· 오후 3시 55분: 155명 전원 구조.

10장

리포트 구성: 원인

1. 원인에 대한 이해

1854년 빅토리아 시대, 영국 런던의 소호지역에 콜레라가 창궐했다. 사람들은 원인도 모르고 하나둘씩 쓰러졌다. 런던 시민은 공포에 떨었다. 사람이 죽어가는 것을 보다 못한 젊은 마취과 의사 스노(John Snow)는 남몰래 원인조사에 뛰어들었다. 그는 지도에 콜레라 환자의 주소를 확인해 전염병 지도를 만들었다.

그는 지도를 살펴보다가 콜레라에 걸린 주민들이 공통으로 한 수도펌프의 지하수를 마신 사실을 발견했다. 스노는 콜레라 발병의 원인이 오염된 수도펌프에 있다고 생각했다. 그는 이 사실을 시 당국에 알려 문제의 수도펌프를 폐쇄하도록 했다. 콜레라는 더 이상 번져나가지 않았다. 그의 발견은 런던의 상수도와 하수도 체계를 전면 개혁하는 계기가 됐다.

실태가 현상을 내러티브 형식으로 보여주는 것이라면 원인찾기는 현상이 나타난 이유를 확인하는 부분이다. 원인을 알기 위해서

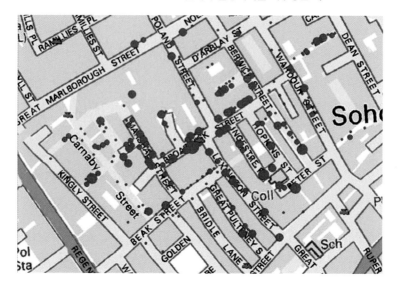

〈그림 10-1〉 1854년 런던 콜레라 발생지역을 재구성한 지도

는 과학적 분석이 필요하다. 과학은 현상을 연구해 인과관계를 찾
아내고 법칙과 진리를 찾으려는 노력이다.

찰스 다윈은 비글호를 타고 태평양 갈라파고스 섬의 생물들을 관
찰하다 섬마다 새와 거북이 모양이 다르다는 사실을 발견했다. 그
는 이 여행에서 진화론의 영감을 얻었다. 수사관은 현장에서 수사
단서를 찾아내며, 노련한 기자는 현장에서 새로운 문제를 찾아낸
다. 저널리즘은 과학과 같은 탐구활동이다. 뉴스는 실태를 보여준
뒤 2차적으로 원인분석에 들어간다.

• 화재, 교통사고, 범죄사건의 원인은 무엇인가?
• 성수대교, 삼풍백화점의 붕괴원인은 무엇인가?
• 저성장, 저출산, 청년실업의 원인은 무엇인가?

실태와 원인, 인과관계는 진상을 규명하는 열쇠이다. 원인분석이 없는 리포트는 사실의 나열일 뿐이다.

1) 원인찾기의 중요성

문제가 발생하면 사람들은 원인을 알고 싶어 한다. '왜?'라는 물음은 인간의 지적 욕망을 반영한다. 원인을 찾으려는 이유가 지적호기심 때문만은 아니다. 원인을 찾아야 진실을 밝히고 책임소재를 가려낼 수 있다. 문제해결과 미래전망을 위해서는 인과관계 규명이 꼭 필요하다. 런던의 오염된 수도펌프를 폐쇄하여 콜레라 전염을 막은 스노처럼 원인을 알아야 문제를 해결할 수 있다.

　2015년 8월 4일 아침 서부전선 비무장지대에서 육군 1사단 장병들이 수색작전을 하던 곳에서 지뢰가 폭발했다. 하사관 2명이 다리

〈그림 10-2〉 목함지뢰 폭발사건 보도화면

에 중상을 입었다. 누가 이곳에 지뢰를 매설했나? 원인을 규명하기까지 며칠이 걸렸다. 8월 10일 국방부는 이 지뢰가 북한군이 매설한 '목함지뢰'라고 발표했다. 현장에서 수거한 지뢰파편이 증거였다. 군은 북한의 도발에 대응해 대북 확성기방송을 재개했다. 팽팽했던 남북의 긴장관계는 북한의 유감표명으로 마무리됐다. 원인찾기는 문제해결의 열쇠이다.

미국의 트럭, 버스 안전을 관리하는 연방 수송자동차 안전위원회(The Federal Motor Carrier Safety Administration · FMCSA)는 한 건의 교통사고를 조사하는 데 최대 천 가지 요소의 자료를 수집한다. 날씨와 도로사정을 맨 처음 확인하고, 타이어와 브레이크 등 자동차의 문제, 피로와 육체적 상태 등 운전자의 문제, 출발시간, 운전목적 등 운행과정의 문제를 조사한다.

안전위원회의 조사결과 대형차량 사고의 87%는 운전자의 문제, 13%는 날씨와 도로사정 때문으로 나타났다. 사고원인을 이처럼 세밀하게 조사하는 이유는 세부원인을 찾아내 궁극적으로 사고율을 낮추기 위해서다.

2) 원인찾기의 어려움

원인을 찾는 것은 어렵다. 원인은 잘 보이지 않기 때문이다. 원인을 알 수 없으면 괴담이 퍼지거나 불안감이 커진다. 2016년 여름 부산에서는 원인을 알 수 없는 가스냄새 때문에 소동이 빚어졌다. 이 리포트는 원인 모를 가스냄새가 불러온 시민의 불안과 고통을 보여준다.

리포트 부산 해운대구에 사는 시민으로부터 가스냄새가 난다는 신고가 접수된 건 어제 오후 5시 반쯤. 곧바로 비슷한 내용의 신고가 119와 112에 쉴 새 없이 쏟아지더니 2시간 만에 150건이 넘는 신고가 접수됐습니다.

인터뷰〔황지훈(부산시 중동)〕집에서 쉬고 있는데 라이터가스 같은 냄새가 나더라고요. 집에서 가스가 샜나 해서 확인을 해봤는데 전혀 없더라고요.

— 〈YTN 뉴스〉(2016. 7. 21)

인터넷에서는 "1995년 일본 고베 대지진 때도 가스냄새가 났다"는 주장이 제기돼 대지진의 전조가 아니냐는 설이 퍼졌다. 정부는 각종 괴담이 쏟아지자 합동조사반을 구성해 원인조사에 나섰다. 합동조사반은 LNG 등 가스의 누출탐지에 쓰이는 첨가물, 부취제(腐臭劑)를 가스냄새의 원인으로 지목했다. 2015년 여름에도 부산에서 두 차례 부취제 누출사고가 발생했다. 합동조사반은 누가 부취제를 누출시켰는지는 찾아내지 못했다.

결과에는 반드시 원인이 있다. 원인을 찾기 어려울 뿐이다. 여러 요인이 복잡하게 얽힌 경우 인과관계를 찾기는 더 어려워진다. 어떻게 인과관계를 찾을 것인가? 인과관계의 기본부터 들여다보자.

2. 비판적 사고

사람의 감각과 사고는 불완전하다. 원인과 결과를 혼동하고 오비이락(烏飛梨落)과 같은 우연을 인과관계로 착각하기도 한다. 인과관계를 논리적·과학적으로 분석하려면 비판적 사고와 과학적 연구방법을 공부하는 것이 도움이 된다.

비판적 사고는 정보를 분별력 있게 바라보고 올바르게 생각하는 과정이다. 비판적 사고의 핵심은 추리(推理, *inference*, *reasoning*)와 논증(論證, *argument*)이다. 추리는 '아는 사실로부터 새로운 사실을 생각해 내는 것'을 말하며 논증은 '추리를 통해 새로운 결론을 이끌어 내는 것'을 말한다. 즉, 정리하면 추리는 과정이고 논증은 결과라고 할 수 있다.

영국 케임브리지대학은 신입생을 선발할 때 사고의 기술(Thinking Skills)이라는 이름으로 비판적 사고와 문제해결 능력을 시험한다. 한국의 로스쿨 입학 적성검사인 법학적성시험(Legal Education Eligibility Test·LEET), 대기업의 입사시험도 추리·논증이 상당 부분을 차지한다. 먼저 원인이 무엇인지부터 알아보고 추리과정을 살펴본다.

1) 원인의 정의

원인은 어떤 일이 일어난 까닭을 말한다. 과학자들의 인과관계 정의는 엄격하다. 19세기 영국의 철학자 밀(Mill, 1843)은 3가지 조건이 맞아야 인과관계가 성립한다고 말했다.

- 시간적으로 전후관계가 있어야 한다(time precedence of the cause). 먼저 불이 붙고 나서 연기가 난다. 불이 원인이고 연기가 결과이다.
- 서로 관련성이 있어야 한다(covariation). 비 오는 날 교통사고가 늘어나는 것같이 서로 관련성이 있어야 한다.
- 제3의 원인이 없어야 한다(no plausible alternative explanation of the effect). 예를 들어, 아이스크림이 많이 팔릴수록 도둑이 늘어난다면 인과관계로 착각할 수도 있다. 다시 생각해 보면, 아이스크림 판매와 도둑이 늘어나는 데는 여름철이라는 공통의 원인이 있다. 여름철이라는 원인을 빼고 나면 아이스크림과 도둑 사이에는 인과관계가 없다. 아이스크림과 도둑 사이에는 상관관계(correlation)가 있을 뿐이다. 제3의 원인을 빼고 원인-결과의 관계가 성립해야 인과관계가 성립한다.

2) 추리에 대한 이해

범선이 먼 바다로 나가면 아래 선체부분이 사라지고 돛대만 보이다가 수평선 너머로 사라진다. 배가 항구로 돌아올 때는 수평선 너머에서 처음에 돛대만 보이다가 나중에 배 전체가 보인다. 범선이 그렇게 보이는 것은 지구가 둥글기 때문이 아닐까?

이처럼 현상을 관찰하고 그 원인을 생각하는 과정이 추리이다. 콜럼버스는 지구가 둥글다는 확신을 갖고 탐험을 벌여 세계 역사를 바꿔놓았다. 사람들은 추리를 통해 인과관계를 찾아내고 지식을 넓혀왔다. 추리는 지식의 깊이와 넓이를 더하는 방법이다. 추리방법에는 귀납법과 연역법, 가설추론법이 있다.

(1) 귀납법

귀납법(歸納法, *induction*)은 많은 사례를 통해 일반적 법칙을 이끌어내는 방법이다. 수많은 백조를 관찰한 끝에 백조는 희다는 상식을 얻는 것도 귀납법이다. 무거운 쇠공과 가벼운 쇠공을 동시에 떨어뜨리면 두 개의 공은 동시에 땅에 떨어진다. 두 개의 공이 동시에 낙하한다는 사실은 반복된 실험을 통해 법칙이 됐다. 우리가 아는 상식, 경험, 지식, 과학은 상당부분 귀납법으로 얻었다. 하지만 귀납법에는 예외가 있을 수 있다. '백조는 희다'는 명제는 흑조라는 예외가 나타나면 흔들린다.

(2) 연역법

연역법(演繹法, *deduction*)은 잘 아는 사실을 통해 특수한 사실을 이끌어내는 방법이다. 우리는 '사람은 죽는다', '소크라테스는 사람이다'라는 보편적 사실들을 통해 '소크라테스는 반드시 죽는다'는 새로운 사실을 이끌어 낼 수 있다. 또한 '삼각형 내각의 합은 180도'라는 법칙과 '2개의 내각이 120도'라는 정보를 통하여 '나머지 1개의 각은 60도'라는 결론을 얻을 수 있다. 이처럼 하나를 알면 두셋을 알게 되는 것이 연역법이다. 연역법은 지식과 과학의 범위를 넓게 확장시켰다.

(3) 가설적 추론

가설적 추론(假說的 推論, *abductive reasoning*)은 발생한 현상을 보고 원인을 생각하는 방법이다. 예를 들어 개가 있는 집에 사람이 드나들었으나 개가 짖지 않은 상황을 가정해 보자. 가설적 추론을 활용하면 이 상황을 다음과 같이 분석할 수 있다.

- 개가 짖지 않았다(결과).
- 낯선 사람이 오면 개가 짖는다(규칙).
- 낯선 사람이 아닐 것이다(사례).

이 분석은 '개가 짖지 않았다'는 사실로부터 새로운 생각을 이끌어냈다. 일반적으로 낯선 사람이 오면 개가 짖는데 그날은 개가 짖지 않았다. 그렇다면 "개가 짖지 않은 이유는 낯선 사람이 아니기 때문이다"라고 생각한 것이다.

이 추론은 맞을 수도 있지만 틀릴 수도 있다. 개가 짖지 않은 이유는 낯선 사람이 개한테 고깃덩어리를 던져 주었기 때문일 수도 있다. 이처럼 이 추론방법은 오류의 가능성이 있다. 가설적 추론은 오류의 위험성이 있지만 작은 단서를 보고 새로운 것을 생각하는 데 효과적이다.

철학연구자 김용규(2014)는 《생각의 시대》에서 가설적 추론법의 다양한 쓰임새를 소개했다.

사냥꾼들이 짐승의 발자국을 추적할 때, 의사가 증상을 보고 병을 진단할 때, 점쟁이가 과거를 알아맞히거나 관상가가 미래를 예언할 때, 고고학자가 유물을 통해 과거의 생활상을 알아낼 때, 고생물학자가 뼈 몇 조각으로 멸종생물의 모습을 재현해낼 때, 고문서 학자가 고대문자를 해독할 때, 정신분석가가 꿈을 해석할 때, 핵물리학자가 입자가속기와 감광판을 이용하여 입자의 성질을 알아낼 때, 기상청에서 날씨를 예측할 때, 낚시꾼들이 찌로 물고기의 움직임을 알아낼 때 등이다.

홈즈(Sherlock Holmes)의 추리기법은 대부분 가설적 추론이다. 수사관과 기자들이 작은 단서를 가지고 여러 가능성을 추리하는 것도 일종의 가설 추론이다. 가설 추론은 과학적 검증을 통과해야 '참'으로 인정된다.

(4) 증 거

이유와 원인에는 근거가 필요하다. 검사가 피의자를 구속할 때, 법원에서 판결을 내릴 때, 과학자가 이론을 제시할 때 반드시 근거가 있어야 한다. 뉴스보도에도 근거가 필요하다.

미국 시카고대학의 윌리엄스와 컬럼(Williams & Colomb, 2006/2008)은 저서 《논증의 탄생》(*The Craft of Argument*)에서 주장과 이유, 근거의 원리를 〈그림 10-3〉의 ㉠과 같이 설명했다. 이 개념을 자연현상과 사회현상에 적용하면 〈그림 10-3〉의 ㉡과 같은 도형을 그릴 수 있다. 현상에는 원인이 있고 인과관계를 뒷받침하는 근거가 있어야 한다. 과학은 현상의 원인을 탐구해 인과관계를 검증하는 일이다.

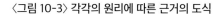

〈그림 10-3〉 각각의 원리에 따른 근거의 도식

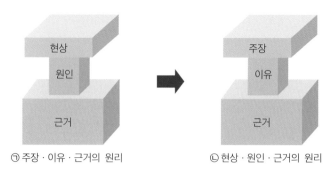

㉠ 주장 · 이유 · 근거의 원리   ㉡ 현상 · 원인 · 근거의 원리

3) 이유와 원인의 차이점

이유(reason)는 주관적이다. 사람의 의지가 들어간다. 동기나 욕
망, 믿음, 합리적 설명, 합리화, 판단의 의미이다. 원인은 객관적
이다. 음주운전을 하다 사고를 냈다면 사고원인은 음주운전이다.
음주를 한 이유, 운전을 한 이유는 모두 개인의 판단이다.

3. 과학적 연구방법

과학적 연구방법(과학적 조사)은 인과관계를 규명하는 가장 객관적
인 방법이다. 비판적 사고가 과학적으로 생각하는 방법이라면 과학
은 비판적 사고를 통해 쌓아올린 거대한 지식체계이다. 과학적 연
구방법의 핵심은 자연과 사회가 어떻게 구성됐는지를 기술하고 인
과관계를 찾는 것이다. 기술과 관련된 사항은 '리포트 구성: 실태'
부분에서 이미 살펴봤다. 이번에는 인과관계 연구방법에 관해 자세
히 알아본다.

　과학자들은 과학연구를 위해 여러 가지 방법을 활용했다. 갈릴레
이는 망원경으로 천체를 관측하고 피사의 사탑에 올라가 낙하실험
을 했다. 멘델은 완두콩을 7년간 교배하고 통계자료를 정리하여 유
전의 법칙을 발견했다. 노르웨이의 정치학자 모세스와 크누트센
(Moses & Knutsen, 2007/2011)은 저서 《정치학 연구방법론》(Ways
of Knowing)에서 사회과학 연구방법으로 비교방법, 실험방법, 통계
방법, 역사와 사례연구의 4가지 방법을 제시했다.

1) 비교방법

비교방법(*comparative method*)은 결과를 서로 비교하여 원인을 찾아내는 방법이다. 철학자 밀은 일치법, 차이법, 일치·차이 결합법, 동시변이법의 4가지 비교방법을 제시했다.

(1) 일치법

일치법(*method of agreement*)은 결과의 공통점을 발견해 원인을 찾는 방법이다. 예시를 통하여 일치법의 활용방법을 알아보자.

A와 B가 점심을 먹은 뒤 두 사람 모두 식중독에 걸렸다. A는 생선회, 생선구이를 먹었고 B는 생선회, 두부를 먹었다. 어떤 음식이 식중독의 원인인가? 이 경우 A와 B가 똑같이 먹은 음식이 식중독 원인일 수 있다. 〈표 10-1〉처럼 도표를 이용하여 원인을 분석해 보면 A, B가 함께 먹은 음식은 생선회이다. 따라서 생선회를 식중독의 원인으로 볼 수 있다.

스노가 콜레라 감염원인을 찾아낸 방법도 '일치법'이다. 그는 콜레라에 감염된 주민들이 같은 수도 펌프의 물을 마셨다는 공통점을 발견하고 수도 펌프를 원인으로 지목했다.

〈표 10-1〉 일치법을 이용한 원인 분석

	생선회	두부	생선구이	식중독 여부
A	○	×	○	식중독
B	○	○	×	식중독

(2) 차이법

차이법(*method of difference*)은 어떤 현상이 A에서는 일어나고 C에서는 일어나지 않았을 때, 차이점을 비교해 원인을 찾는 방법이다. 앞서 살펴본 식중독의 예를 다시 활용해 보자.

함께 점심을 먹었는데 A는 식중독에 걸리고 C는 걸리지 않았다. A는 생선회와 두부를 먹었고 C는 두부와 생선구이를 먹었다. 이때 식중독의 원인은 무엇인가? 〈표 10-2〉를 통해 확인해 보면 식중독에 걸린 A와 걸리지 않은 C의 차이점은 A가 생선회를 먹은 것이다. 그렇다면 생선회가 식중독 원인일 가능성이 높다.

장수마을의 장수비결을 알아내기 위해 자연환경과 마을사람들의 생활습관의 특별한 점을 조사하는 것도 차이법의 하나로 볼 수 있다. 특혜를 받은 사람과 일반인과의 차이를 하나하나씩 비교하면 어떤 특혜를 받았는지 원인을 찾아낼 수 있다.

〈표 10-2〉 차이법을 이용한 원인 분석

	생선회	두부	생선구이	식중독 여부
A	○	○	×	식중독
C	×	○	○	정상

(3) 일치 · 차이 결합법

일치 · 차이 결합법(*joint method of agreement*)은 일치법과 차이법을 동시에 사용하는 방법이다. 여러 케이스를 함께 비교할 수 있는 장점이 있다. 이 방법으로 OECD 국가의 정치, 경제, 사회의 지표를 비교하는 연구를 많이 볼 수 있다. 선진국의 공통점과 저개발국의 공통점을 상호 비교하면 국가 간 차이의 원인을 추론할 수 있다.

(4) 동시변이법

철학자 밀은 하나의 변수가 움직일 때 다른 변수가 동시에 움직이면 인과관계가 있다고 생각했다. 키와 몸무게를 예로 든다면 키와 몸무게는 동시에 움직이기 때문에 인과관계가 있는 듯이 보인다. 그러나 몸무게가 늘어난다고 키가 커지지 않는다. 인과관계가 아니라 상관관계이다.

밀의 동시변이법(*method of concomitant variation*)은 인과관계와 상관관계를 혼동하는 단점이 있다. 밀의 비교방법은 일부 단점은 있지만 일상생활에서 인과관계를 추리할 때 많이 사용한다. 과학연구에서 비교연구를 하거나 실험설계를 할 때에도 활용한다.

2) 실험방법

자연과학자는 자연현상의 인과관계를 밝혀내기 위해 실험방법(*experimental method*)을 쓴다. 심리학자, 교육학자도 심리, 행동, 교육 효과를 연구하기 위해 실험을 한다. 언론에서 주로 쓰는 방법은 실험(*experiment*)이 아니라 성능을 측정하는 시험(*test*)이다. 외부 연구기관에 의뢰해 수질검사, 성분검사, DNA검사를 하는 장면을 종종 볼 수 있다. 실험과 시험은 인과관계를 증명하는 가장 객관적 방법이다.

미국의 시민단체 ICCT(International Council on Clean Transportation)는 2014년 독일산 디젤차의 배출가스 비교 시험을 하다가 폭스바겐의 조작사실을 찾아냈다. 이들은 미국산과 독일산 디젤차를 비교 시험하다가 폭스바겐의 배출가스 수치가 이상하게 나오는 것을 발견했다. 여러 차례 시험해도 똑같은 결과가 나왔다. ICCT는 이 시험을 통해 폭스바겐이 환경규제 시험을 통과할 때 특수장치를 이용해 배출가스를 조작했다는 사실을 밝혀냈다. 폭스바겐은 사실을 인정하고 미국 소비자들에게 17조 원을 배상하기로 했다.

3) 통계방법

과학자들은 통계를 이용해 인과관계를 연구한다. 인과관계에 대해서 가설(hypothesis)을 세우고 그 가설이 맞는지 통계방법(statistical method)으로 검증한다. 많은 사회과학 연구논문들이 통계방법을 활용해 작성된다.

담뱃값과 흡연율의 인과관계도 통계방법으로 증명됐다. 렘러와 반 라이진(Remler & Van Ryzin, 2011)은 저서를 통해 1982년에 진행된 관련연구를 소개한다. 이 연구는 미국인 1만 9천여 명의 자료를 분석해 담뱃값을 10% 올리면 흡연율이 4% 낮아진다는 결과를 내놨다. 강한 인과관계가 있다는 결론이다. 이 연구는 나중에 담뱃값을 올리는 근거로 활용됐다.

과거에는 주로 통계를 인용해 보도했으나 요즘에는 언론이 직접 데이터를 분석해 뉴스를 보도하는 사례가 늘어났다. 뉴스에 통계방법을 처음 사용한 방송사는 미국의 CBS이다. CBS는 1952년 컴퓨터 프로그램을 만들어 아이젠하워 후보의 당선을 오차한계 1% 이내로 정확하게 예측했다.

1967년 디트로이트 신문기자이던 필립 마이어(Philip Meyer)는 디트로이트 폭동에 참가한 흑인 437명을 통계적으로 분석해 '학력이 낮은 사람이나 대학졸업자나 비슷한 비율로 폭동에 참가했다'는 사실을 밝혀냈다. 이러한 시도들이 지금의 데이터 저널리즘(*data journalism*)으로 발전했다.

데이터 저널리즘이 본격화된 것은 2000년 이후이다. 미국과 유럽 정부가 통계자료를 개방하고 빅 데이터가 인터넷을 통해 대량 유통되면서부터이다. 국내 방송사들도 정부통계와 빅 데이터를 직접 분석해 봄철 산악사고 지도, 메르스 감염지도, 계속 인구가 증가하는 지자체 등 새로운 스타일의 뉴스를 생산한다.

미디어 전문가들은 데이터 저널리즘이 미래의 뉴스지형을 바꿀 것이라고 전망한다. 월드 와이드 웹 개발자의 한 사람인 영국 과학자 팀 버너스리(Tim Berners-Lee)는 "기자가 사람들과 대화를 나누면서 기사를 취재하는 것처럼 데이터 저널리즘이 언젠가는 기자들의 일상이 될 것이다"라고 말했다.

4) 역사와 사례연구

역사적 연구(*historical research*)는 과거의 역사 사례에서 현재 일어나는 현상의 원인을 찾아내는 방법이다. 기자는 새로운 사건이나 현상이 나타나면 역사적 배경을 찾아본다.

한 인물을 심층적으로 탐구하려면 과거의 기록, 행적, 행적을 살펴보아야 한다. 과거의 어떤 요인이 현재의 사건과 현상을 일으켰는지 탐구하기 위한 작업이다. 오늘날의 정치현상은 현대정치사의 산물이다. 경제, 사회문제도 마찬가지이다. 역사는 지나간 과거가 아니라 현재진행형이다.

사례연구는 사례를 연구해 원인을 찾아내는 연구방법이다. 사례연구는 현상을 보여줄 때도 쓰이지만 원인을 분석할 때도 쓰인다. 사회학자들은 사례연구를 통해 사회갈등과 자살, 범죄가 어떤 원인 때문에 일어나는지를 연구한다. 뉴스에서도 개인의 사례를 집중취재를 통해 학교폭력, 아르바이트 학생의 인권문제, 게임중독 등 사회문제의 원인을 찾으려는 시도를 볼 수 있다. 역사적 배경을 살펴보거나 사례를 이용하는 방법은 현실을 바탕으로 하기 때문에 사실성이 높다.

4. 원인 리포트 사례

1) 살인사건과 프로파일링

1986년부터 1991년까지 경기도 화성 일대에서 10명의 여성이 잇달아 살해됐다. 경찰은 범인을 잡기 위해 사건수사상 최대 규모의 경찰력을 투입했다. 연인원 2백만 명의 경찰력이 투입됐고 3천여 명의 용의자가 수사를 받았다. 심증만 있을 뿐 물증이 없었다.

성범죄사건의 경우 DNA가 결정적 증거가 된다. 하지만 당시 한국은 DNA를 검사할 능력이 없었다. 1990년 경찰 수사관이 샘플 하나를 가지고 일본에 건너가 DNA 검사를 했지만 아니라는 결과만 얻고 돌아왔다. 영화 〈살인의 추억〉에도 등장하는 '너는 자수하지 않으면 사지가 썩어 죽는다'는 글귀가 적힌 허수아비는 사건 담당형사들이 무속인의 말을 듣고 세웠다고 한다. 과학수사 능력이 모자라 무속의 힘까지 빌리려 했던 당시 경찰의 안타까운 실상을 잘 보여준다.

'화성 연쇄살인사건'의 15년간의 공소시효는 2006년에 만료됐다.

〈그림 10-4〉 화성 연쇄살인사건 보도화면

2015년 7월, 살인죄의 공소시효가 폐지되면서 200여 건의 미제 살
인사건은 재수사의 가능성이 열렸다. 하지만 화성 연쇄살인사건은
이미 공소시효를 넘겼으므로 재수사 대상이 아니다. 화성사건은 최
대의 미스터리로 남게 됐다.

> 자료화면〔〈MBC 뉴스데스크〉(1990)〕 경기도 화성군 태안읍 속칭 원
> 바리고개 야산에서 이 마을에 사는 화성 모 여중 1학년 김 모 양이 성폭
> 행을 당하고 목이 졸려 숨진 채 발견됐습니다.
> 자료화면〔〈MBC 뉴스데스크〉(1991)〕 경찰은 권 할머니가 비록 노
> 령이기는 하지만 하의가 벗겨지고 목이 졸려 숨진 점 등에 비춰서 화
> 성 연쇄살인사건을 일으킨 동일범의 소행일 가능성이 큰 것으로 보
> 고 있습니다.
> 리포트 지난 1986년부터 1991년까지 경기도 화성에서 발생한 연쇄살
> 인사건. 2006년 공소시효가 만료되며 결국 영구미제사건으로 남았
> 습니다.
> ─〈MBC 이브닝뉴스〉(2015. 7. 22)

비슷한 시기에 미국에서도 연쇄살인사건이 일어났다. 1987년 워
싱턴 주의 그린 강(Green River) 주변에서는 수십 명의 직업여성들

이 잇달아 살해됐다. 경찰은 많은 용의자들을 조사했지만 범인 검거에 실패했다. 당시에는 미국도 DNA 검사기술이 발달하지 않았다. 경찰은 훗날에 대비해 DNA 샘플을 냉동실에 보관하고 수사를 일시 중단했다. 사건발생 14년이 지난 2001년 11월, 경찰은 그동안 냉동 보관해 오던 DNA 샘플을 꺼내 재조사를 벌였다. 검사결과가 나왔다. 14년 동안 얼어있던 DNA 샘플은 전에 유력한 용의자로 조사했던 트럭공장 노동자의 DNA와 일치했다. 경찰은 범인을 체포해 범행 일체를 자백받았다.

과학수사의 원조는 소설 속의 명탐정 홈즈다. 영국의 안과의사 도일(Arthur Conan Doyle)은 셜록 홈즈라는 가상의 인물을 통해 과학수사 기법을 선보였다. 셜록 홈즈는 작은 단서를 보고 여러 가설을 세운다. 그는 증거와 맞지 않는 가설을 하나씩 지워나가 진실을 찾았다. 셜록 홈즈는 과학수사의 길을 열었다.

과학수사의 큰 축은 법과학(forensic science, 법의학)과 프로파일링(criminal profiling)이다. 법과학은 현장에 남은 지문, DNA, 혈흔 같은 증거를 분석해 범죄자를 추적하는 방법이며, 프로파일링은 사건 현장에 남겨진 증거, 범행패턴을 분석해 범인의 정체를 추정하는 수사기법이다.

1940년에서 1956년 사이 뉴욕시에서는 이른바 '매드 바머'(The Mad Bomber) 사건이 일어나 뉴욕 시민을 공포에 몰아넣었다. 미친 폭탄공격자라는 뜻의 매드 바머는 철도역, 극장, 사무실 등 장소를 가리지 않고 47건의 폭발물 사건을 일으켰다. 수사의 벽에 부딪힌 경찰은 정신과 의사 제임스 브뤼셀(James Brussel)에게 도움을 요청했다. 브뤼셀은 범인이 쓰는 어휘, 범행수법을 바탕으로 범인의 성향을 프로파일링 했다.

그는 범인이 "에디슨 전기회사와 관련 있는 50대 미혼 남성이고, 여성 친척과 한집에 살며, 동유럽 가톨릭 가정 출신이고, 상의 양쪽에 단추가 달린 더블브레스트 양복을 즐겨 입을 것"이라 추정했다. 경찰은 마침내 폭발물 범죄자를 체포했다. 브뤼셀의 프로파일링은 적중했다. 이 사건의 범인 조지 메테스키(George Metesky)는 50대의 독신이었고 경찰에 연행될 때 더블브레스트 양복을 입고 있었다. 그 후 프로파일링은 미국 FBI의 중요한 수사기법이 됐다. 미국의 범죄 심리학자 바르톨과 바르톨(Bartol & Bartol, 2013)은 프로파일링을 5개 분야로 분류했다.

- 범죄현장 프로파일링(*crime scene profiling*): 범죄현장을 분석해 범인의 유형, 동기, 심리상태를 추정.
- 지리적 프로파일링(*geographical profiling*): 범죄가 일어난 장소를 통계적으로 분석해 범죄자의 주소, 활동범위를 추정.
- 심리적 프로파일링(*psychological profiling*): 범죄자 심리를 분석해 향후 위험도를 추정.
- 용의자 기반 프로파일링(*suspect-based profiling*): 범죄수법과 유형을 분석해 사건용의자 범위를 좁혀감.
- 심리적 검시(*psychological autopsy*): 사망자의 심리적 동기, 행동 패턴을 재구성.

경찰청은 2005년부터 프로파일러(*profiler*)를 채용해 범죄수사에 활용한다. 2016년 5월 서울 강남역 살인사건 용의자의 심리상태를 감정할 때도 프로파일러가 참여했다.

2) 상주 농약 음료수 사건

2015년 7월 14일, 경북 상주시의 한 시골마을 마을회관에서 음료수를 마시고 6명의 할머니가 잇달아 쓰러졌다. 할머니들 가운데 2명이 숨지고 4명이 중태에 빠졌다. 음료수 병에서는 농약성분이 검출됐다. 경찰은 몇 개의 물증과 정황증거를 근거로 박 할머니를 용의자로 지목했다. 박 할머니를 용의자로 지목한 이유를 취재해 기사로 쓴다. 다음과 같은 구성을 생각해 볼 수 있다.

- 박 할머니만 사이다를 마시지 않았다.
- 사이다에서 발견된 농약과 박 할머니 집에서 발견된 농약의 성분이 같다.
- 6명의 할머니가 쓰러졌는데 119에 신고하지 않았다.
- 피해자 인터뷰를 통해 사건발생 전후 상황을 알아본다.

정리한 내용을 좀더 자세하게 기사로 작성한다.

리포트 경찰이 '농약 사이다' 사건의 유력한 용의자로 83살 박 모 할머니를 지목했습니다. 박 할머니는 사고 당시, 6명의 할머니들과 마을회관에 함께 있었지만 혼자 사이다를 마시지 않았습니다. 집에서 마를 갈아 먹고 와서 안 마셨다는 주장인데, 경찰은 박 할머니 집 마당에서 결정적 증거를 확보했습니다.
인터뷰〔이규봉(상주경찰서 수사과장)〕(박 할머니 집) 마당에서 발견된 자양강장제병에서 마을회관 사이다병에서 발견된 것과 동일한 농약성분이 검출됐어요.
리포트 경찰은 119에 신고한 사람이 함께 있던 박 할머니가 아닌 마을회관 이웃주민인 점을 의심해 왔습니다. 또 냉장고에서 처음 사이다를 꺼낸 사람을 놓고 박 할머니와 혼수상태에서 깨어난 할머니의 진술이 엇갈린 점도 박 할머니를 용의자로 보는 이유 중 하나입니다.

인터뷰 〔신 모 할머니〕 처음에 누가 먹자고 했는지 몰라요. 그냥 갖고 나오더라고요, 냉장고에 있는 것을….

리포트 경찰은 프로파일러를 투입해 박 할머니를 심층조사하고 있으며 오늘 낮 할머니의 집을 압수수색했습니다.

—〈MBC 뉴스〉(2015. 7. 17)

정황증거만으로는 혐의를 입증하기 어렵다. 경찰은 리포트 보도 이후 박 할머니의 전동 스쿠터와 옷 등 21곳에서 농약성분을 찾아냈다. 정황증거와 물증이 모두 한 사람을 향했다. 박 할머니는 법정에서 억울함을 호소했으나 대법원은 무기징역을 선고했다. 재판부는 증거가 명백하고 피고의 주장은 사실에 부합하지 않는다고 밝혔다.

형사재판에서는 유무죄를 신중하게 판단한다. 검찰이 피의자에 대해 구속영장을 청구할 때는 '죄를 범하였다고 의심할 만한 상당한 이유'라는 합리적 의심이 근거가 된다. 혐의가 있으면 구속영장을

〈그림 10-5〉 상주 농약 음료수 사건 보도화면

청구할 수 있다. 법원의 기준은 훨씬 엄격하다. 법원은 합리적 의심을 할 여지가 없는(*beyond a reasonable doubt*) 증명이 있어야 유죄판결하는 것을 원칙으로 한다. 한 사람의 억울한 피해자라도 막으려는 취지이다. 확실한 인과관계가 유죄판결의 기준이다.

3) 크림빵 뺑소니 사건

2015년 1월 10일, 새벽 20대 가장이 만삭의 아내를 위해 크림빵을 사가지고 집으로 돌아가다 뺑소니차에 치여 숨졌다. 이른바 '크림빵 뺑소니 사건'으로 알려진 이 사건은 국민적 분노를 일으켰다.

경찰은 당초 용의차량으로 흰색 승용차가 찍힌 CCTV를 공개했다. 네티즌은 이 차량이 BMW 차량인 것 같다며 뺑소니 차량찾기 캠페인을 벌였다. 경찰은 보름 뒤 다른 CCTV를 공개했다. CCTV 안의 차량은 스포츠 유틸리티 차량이었다. 시청자들은 어리둥절해 했다. 범인이 그날 밤 자수해 사건이 일단락됐지만 수사는 처음부터 잘못되었다.

무엇이 잘못되었나? 수사는 현장에서 시작하는 것이 원칙이다. 경찰은 사고 직후 현장에서 자동차 파편을 수거했다. 전문가에게 감정을 의뢰해 이 파편이 윈스톰의 안개등에서 떨어져 나온 사실을 확인했다. 현장의 파편이 윈스톰 파편이었다면 윈스톰 차량을 조사하는 것이 당연한 이치이다. 그런데 경찰은 증거조사를 소홀히 한 채 CCTV에 매달렸다. 언론은 경찰발표에 따라 이리저리 흔들렸다. 기자는 냉정한 관찰자이어야 한다. 합리적 의심을 갖고 문제를 탐구해야 혼선을 막을 수 있다.

4) 진경준 검사장 특혜의혹 사건

앞서 다루었던 진경준 검사장의 거액 주식거래 차액 의혹사건을 다시 살펴보자. 진 검사장은 2016년 3월 25일 공직자 재산신고 결과가 공개되면서 주식 특혜의혹이 제기됐다. 그는 1년 동안 재산이 40억 원 늘어났다고 신고했다. 넥슨 주식을 처분해 38억 원의 시세차익을 얻었기 때문이었다. 넥슨 주식은 진 검사장이 매입할 당시인 2005년에는 일반인은 살 수 없었던 비상장 주식이었다. 주식을 취득한 시기도 서울중앙지검에 재직하던 시기였다.

〈그림 10-6〉 진경준 검사장 의혹 보도화면

〈표 10-3〉 진경준 검사장 관련 의혹과 근거 제시

의혹	근거
재산 증가	공직자 재산신고 결과 1년 사이에 40억 원 증가
주식거래 차익	38억 원의 시세차익 취득
주식 특혜매입	당시 넥슨 주식은 일반인이 쉽게 살 수 없었음
주식투자 부적절	당시 서울중앙지검 금융조세조사 2부장 재직 중

재산증식 의혹을 제기할 때는 재산이 늘어난 원인을 분석하고 원인행위가 비정상적이라는 근거를 제시한다. 의혹의 원인과 근거를 제시해야 객관성을 가질 수 있다. 진 검사장과 관련된 의혹에 대해서는 〈표 10-3〉과 같이 정리할 수 있으며 이 근거를 바탕으로 주식 특혜의혹에 대한 리포트를 다음과 같이 제작할 수 있다.

앵커 멘트 검사 출신의 법무부 고위공직자가 게임업체의 주식으로 38억 원 가까운 시세차익을 챙겨 논란이 되고 있습니다. 이종훈 기자가 전합니다.

리포트 진경준 출입국 외국인정책 본부장은 최근 156억 5천 6백만 원의 재산을 신고했습니다. 1년 전보다 40억 원 정도 늘어난 재산증가액은 전체 재산공개 대상 공직자 가운데 최고였습니다.

게임회사 넥슨의 주식 80만여 주를 처분해 38억 원의 시세차익을 거둔 사실이 알려지면서, 주식 매입경위 등을 놓고 논란이 확산됐습니다.

진 본부장은 해명자료를 내고 지난 2005년 컨설팅업체에서 일하던 대학친구로부터 지인이 넥슨 주식을 팔고 싶어 한다는 얘기를 듣고 친구 4명이 투자 차원에서 같이 샀다고 밝혔습니다.

하지만, 당시 넥슨 주식은 일반인이 쉽게 살 수 없었던 만큼 넥슨 김정주 대표와의 친분이 주식매입에 영향을 미친 건 아닌지, 서울중앙지검 금융조세조사 2부장으로 일할 때도 주식을 보유하고 있었던 게 적절한 것인지 하는 논란은 가라앉지 않고 있습니다.

— 〈SBS 뉴스〉 (2016. 4. 1)

대검찰청 특임검사팀의 수사결과 주식 특혜의혹은 모두 사실로 확인되었다. 진 검사장은 결국 뇌물수수 혐의로 검찰에 구속됐다.

5) 전세가격 지도

수도권 지역에서는 해마다 봄, 가을 이사철에 전세난으로 인구이동이 일어난다. YTN이 제작한 데이터 저널리즘 리포트는 전세가격 상승 때문에 일어나는 인구이동 현상을 통계적 방법으로 분석했다.

> 리포트 데이터 저널리즘팀이 국토교통부 부동산실거래가 데이터를 토대로 경기도의 전세가율 지도를 만들었습니다. 수도권 전셋값은 지난 3년 동안 서울, 경기도, 인천에서 함께 올랐지만, 지역에 따라서는 상대적인 차이가 있습니다.
> 이런 가격차는 인구이동으로 이어집니다. 먼저 서울에서 경기·인천으로 옮겨간 경우를 살펴보겠습니다. 지난해 2천 명 이상이 순 유출된 경로를 화살표로 표시했습니다. 고양, 성남, 수원, 구리 등입니다. 서울보다는 전셋값이 낮은 곳이죠. 여기서 더 외곽으로 이주하는 사례도 적지 않습니다. 고양에서 파주, 성남에서 광주, 구리에서 남양주로 빠져나갔습니다. 역시 평균 전세가가 3/4 정도 낮은 곳으로 간 겁니다.
> ─〈YTN 뉴스〉(2016. 3. 28)

이 리포트는 전셋값이 싼 곳으로 인구가 이동하는 경로를 보여준다. 전셋값(원인)이 인구이동(결과)에 어떻게 영향을 미치는지 데이터를 근거로 실증적으로 보여준다.

• 서울 → 고양, 성남, 수원, 구리 → 파주, 광주, 남양주

저널리즘은 인과관계를 밝혀 진실을 찾는 일이다. 그런데 인과관계를 찾다보면 어느 개인에게 책임을 전가하거나 직접 원인, 물리

적 원인을 찾아내는 데 그칠 수가 있다. 겉으로 드러난 증상만 치료하면 문제는 재발한다. 문제의 근본원인, 시스템의 문제를 밝혀내야 문제를 해결하고 재발을 막을 수 있다. 11장에서는 원인을 일으키는 근본원인, 문제점에 대해 알아본다.

〈그림 10-7〉 전세가격 지도 보도화면

연습문제

1. 어느 날 서울 서초구의 한 놀이터 옆 도로에서 교통사고가 일어났다. 놀이터에서 놀던 어린이들은 도로에서 초등학생 한 명이 쓰러졌고 빨간색 승용차가 지나가는 장면을 보았다. 어린이들은 경찰관에게 "빨간색 승용차가 초등학생을 치었다"고 말했다. 빨간색 승용차가 초등학생을 친 사건의 인과관계와 판단 근거를 정리하여 서술해 보자.

2. 재단법인 미르는 2015년 10월 27일 486억 원의 출연금으로, 재단법인 K스포츠는 2016년 1월 13일 288억 원의 출연금으로 설립됐다. 대기업들이 두 재단

에 거액의 자금을 출연한 이유는 무엇인가? 청와대의 강압 때문인가, 뇌물인가, 아니면 다른 이유 때문인가? 각자 추론과 근거를 제시해 보자.

3. 2013년 7월 6일 아시아나의 보잉 777 여객기가 미국 샌프란시스코 공항에 착륙하다가 활주로 앞 방파제에 충돌했다. 이 사고로 승객 3명이 사망하고 100여 명이 부상을 입었다. 사고 직후 언론들은 조종사 과실, 샌프란시스코 공항의 시설문제, 보잉 여객기의 결함 등 여러 가능성을 제기했다. 사고원인을 밝히려면 어떤 요소들을 조사해야 하는지 토론해 보자.

4. 의학계에서는 흡연자가 비흡연자보다 폐암에 걸릴 확률이 10배 높다고 말한다. 그런데 대법원은 2014년 4월 "흡연과 폐암의 개별적 인과관계를 인정하기 어렵다"는 판결을 내렸다. 대법원의 판례를 직접 확인하고 이러한 판결을 내린 이유와 근거는 무엇인지 조사해 보자.

담배의 제조·판매에 관련된 피고 대한민국의 손해배상책임이 피고 회사에 포괄적으로 승계되었다는 주장은 피고 대한민국에게 담배의 제조·판매에 관련된 손해배상책임이 인정되는 것을 전제로 하는 것인데, 앞서 본 바와 같이 피고 대한민국에게 담배의 제조·판매에 관련된 손해배상책임이 인정되지 아니하는 이상, 원고들의 이 부분 상고이유 주장은 원고들의 청구를 기각한 원심의 결론에 아무런 영향을 미칠 수 없는 주장이므로 더 나아가 살필 필요 없이 이유 없다[〈대법원 선고 2011다22092 판결〉(2014.4.10.)].

11장

리포트 구성: 문제점

1. 문제점에 대한 이해

프랑스의 사회학자 에밀 뒤르켐은 자살의 원인을 깊이 파고들었다. 그는 유럽 여러 나라의 자살률 통계를 분석해 자살률이 나라마다, 집단마다 다르다는 것을 발견했다. 영국의 자살률은 이탈리아의 2배이고 덴마크의 자살률은 영국보다 4배 가까이 높았다. 또한 여성보다 남성이, 가톨릭 신자보다 개신교 신자, 기혼자보다는 미혼자의 자살률이 높았다. 그는 경제불황이 닥쳐 살기가 어려워졌을 때는 물론, 갑작스럽게 권력과 부가 늘어났을 때도 자살률이 높아진다는 것을 발견했다.

왜 자살률이 나라마다 다르고 집단마다 다른가? 자살에는 개인적 원인 외에 사회적 원인이 있지 않을까? 뒤르켐은 자살의 사회적 원인을 탐구했다. 뒤르켐(Durkheim, 1897/2008)은 그의 저서 《자살론》(Le suicide)에서 자살이 개인의 일이 아니라 사회적 현상이라고 진단했다. 그는 종교 사회의 통합, 가족 사회의 통합, 정치 사회의

통합 정도가 높을수록 자살률이 낮아진다고 분석했다.

한국사회는 OECD 국가 중 가장 높은 자살률로 고민하고 있다. 뒤르켐에 따르면 자살률이 높은 것은 사회통합 정도가 낮기 때문이라고 하지만 분명한 원인진단은 이뤄지지 않는다. 근본원인을 찾아내야 문제해결에 다가설 수 있다.

1) 문제를 일으키는 근본원인, 문제점

문제점은 두 가지 의미로 쓰인다. 일반적으로 문제(*problem*)를 문제점이라 부른다. 다른 의미는 근본원인(*root cause*)이다. 문제를 일으키는 근본원인, 제도적 결함, 사회적 여건을 문제점이라고 부른다. 심층보도에서는 근본원인을 분석한다.

앞선 실태 리포트 예시항목에서 살펴본 오피스텔 관련 리포트를 다시 떠올려보자. 기울어진 오피스텔의 문제를 보도하는 리포트의 경우 앞부분에 기울어진 건축물을 보여주고 원인을 찾는다. 부실한 기초공사가 원인이다. 문제의 원인을 더 파고 들어가면 건축주, 시공, 감리, 행정의 문제점을 찾을 수 있다.

〈표 11-1〉 기울어진 오피스텔의 근본원인 규명

심층보도 구성	상세 내용
기사 소재	기울어진 오피스텔
실태 (문제제기)	기울어진 건물
원인	기초공사 부실
문제점 (근본원인)	건축주, 시공, 감리, 행정 문제점

2) 근본원인 분석

근본원인 분석 (*root cause analysis*) 은 근본원인을 찾아내 문제를 해결하는 분석기법이다. 근본원인 분석방법은 '왜?'라는 질문을 계속하는 방법이다. 근본원인 분석방법은 1949년 미군에서 처음 사용됐다. 1960년대 미 항공우주국 NASA는 아폴로 계획, 보이저, 바이킹 계획에 이 분석방법을 활용했다. 우주선은 단 하나의 부품만 잘못돼도 발사에 실패하고 우주비행은 물거품이 된다. NASA는 문제를 일으킬 수 있는 세세한 항목을 그래프로 만들어 실패 가능성을 줄여나갔다. 민간기업으로는 1960년대 일본의 도요타 자동차가 처음 도입했고 많은 기업과 연구소가 활용한다.

이 분석방법에 대해 좀더 쉽게 이해할 수 있도록 세탁기 고장의 근본원인을 찾아가는 과정을 살펴보자. 세탁기가 돌아가다가 갑자기 작동을 멈췄다. 살펴보니 퓨즈가 끊어졌다. 퓨즈를 새로 갈아도 똑같은 문제가 생긴다. 무엇이 문제인가? 세탁기를 분해해 근본원인을 찾기 시작한다. 모터를 분해하니 모터 축이 손상되어 모터가 과열된 것을 발견했다. 왜 모터 축이 망가졌나? 원인은 윤활유가 누출됐기 때문이다. 왜 윤활유가 누출됐나? 원인은 모터부품의 밀봉불량 때문이다. 세탁기 고장의 근본원인은 모터의 밀봉불량 때문이다. 근본원인인 밀봉부분을 고쳐야 세탁기 고장문제를 해결할 수 있다.

근본원인을 분석하는 또 다른 방법은 피시본 다이어그램 (*fishbone diagram*) 이다. 1968년 일본 이시카와 카오루 교수가 개발해 이시카와 다이어그램 (*ishkawa diagram*) 이라고도 불리는 이것은 문제의 원인을 세분화해 근본적으로 어디에 문제점이 있었는지를 찾아내는 방법이다. 〈그림 11-1〉처럼 생선뼈 모양의 도표를 그린 뒤, 문제원인을 환경, 사람, 기계, 운영, 재료, 과정으로 분류하고 큰 원인 아래 작은 원인을 표시하여 만든다. 이렇게 완성된 도표는 문제의 근본원인을 밝히는 데 도움이 된다. 피시본 다이어그램은 현재 경영업무와 경영컨설팅, 사고원인 분석, 안전관리, 위기경영 분야에 활용한다.

근본원인 분석은 인과관계를 상세히 분석하고 분석결과를 도표로 시각화할 수 있는 장점을 갖고 있다. 뉴스보도에서도 유용하게 쓸 수 있는 방법이다.

〈그림 11-1〉 피시본 다이어그램의 구성

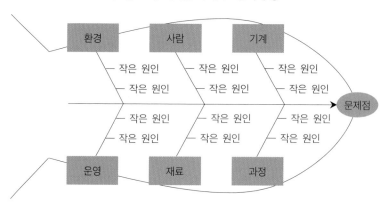

2. 근본원인 찾기 사례

1) 힝클리 주민 중금속 중독 사건

영화 〈에린 브로코비치〉(Erin Brockovich)를 보면 30대의 여주인공이 아기를 한 팔로 안고 주민들을 찾아다니는 장면이 나온다. 이 영화는 실화에 바탕을 두었다. 1992년 미국 캘리포니아 힝클리 지역 주민들은 원인 모를 병에 고통을 받았다. 브로코비치는 주민들이 헥사크롬이라는 물질에 중독된 사실을 확인하고 인근의 퍼시픽 가스회사를 대상으로 조사에 들어갔다.

이 회사는 1950년대와 1960년대 가스 냉각탑 부식을 막기 위해 방청제를 사용했다. 방청제에는 유해 중금속인 헥사크롬이 함유되었다. 가스회사에서 폐수가 흘러나오면서 지하수가 오염되고 질병이 발생한 것이다. 그녀는 퍼시픽 가스회사의 폐수와 주민질병 간의 인과관계를 밝혀내 3억 3천만 달러의 합의를 이끌어냈다. 브로코비치의 이야기는 근본원인 분석의 전형을 보여준다.

2) 플린트 시 납 중독 사건

2014년 4월 미국 미시간 주의 플린트 시에서는 수돗물에서 냄새가 나고 물을 마신 뒤 피부발진이 생겼다는 항의가 잇달았다. 수돗물에서 높은 수준의 납이 검출됐고 주민 6천 명 내지 1만 2천 명이 높은 수치의 혈중 납 농도를 나타냈다. 문제가 심각한 사태로 번지자 미국 정부는 플린트 시에 비상사태를 선포했다. 사건의 근본원

<앵커 멘트> 미국 미시간 주의 한 도시가 납에 오염된 수돗물을 주민들에
게 공급한 사실이 드러나 이 지역에 비상사태가 선포됐습니다. 정재
훈 특파원이 보도합니다.

<리포트> 성난 주민들이 주지사의 집 앞에 모였습니다. 납 중독 수돗물
을 플린트 시 주민 10만 명에게 공급한 책임을 져야 한다고 목소리를
높였습니다.

사태가 시작된 건 지난 2014년 4월. 흑인 인구가 60%에, 극빈층 주
민이 절반에 가까운 플린트 시는 비용절감을 위해 식수원을 디트로이
트 시에서 오염된 플린트 강으로 바꿨습니다. 문제는 이때부터 발생
했습니다. 주민들은 물맛이 이상하다며 불만을 터뜨렸고 조사결과
어린이의 혈중 납 수치는 1년여 만에 2배 가까이 증가했습니다. 하지
만 당국은 조사결과가 나온 이후에도 두 달 이상 수돗물 사용을 중단
시키지 않았습니다.

인을 찾으려면 실태에서 시작해 원인, 근본원인의 순서로 현상을
분석한다. 당시의 관련보도를 확인해 보자.

인터뷰〔콜린 크로시(플린트 시 주민)〕주지사는 전문가의 말에 주의를 기울이지 않았습니다. 오염사실을 알자마자 상수원을 교체했어야 합니다.

리포트 스나이더 주지사는 이달 초에야 플린트 시에 비상사태를 선포하고 주민들에게 병에 담긴 물을 공급하기 시작했습니다.

—〈YTN 뉴스〉(2016. 1. 19)

　주민들이 납에 중독된 것은 수도관에서 납 성분이 누출됐기 때문이다. 납은 어디에서 나온 것인가? 산성이 높은 플린트 강물이 낡은 수도관을 부식시켜 수도관 이음매의 납 성분이 수돗물에 스며들었기 때문이다. 플린트 시의 취수원을 플린트 강으로 바꾼 것은 예산을 절약하기 위해서였다. 예산을 아끼려고 주민건강을 무시한 시

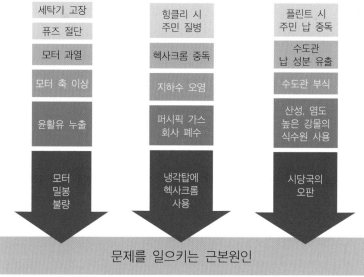

〈그림 11-3〉 문제의 근본원인 규명과정

당국의 그릇된 판단이 대형재난을 가져왔다.

근본원인을 분석해야 문제의 근원에 이를 수 있다. 문제의 근원까지 파고 들어가야 책임소재를 가리고 재발을 방지할 수 있는 길이 열린다.

3) 세월호 침몰사고

세월호 침몰사고 원인은 검찰수사로 상세히 밝혀졌다. 세월호의 구조를 변경해 화물을 과적했고 운항미숙으로 배가 침몰한 것으로 드러났다. 해경 123정장이 초기에 부실하게 대응한 사실도 밝혀졌다. 그러나 이 수사결과만 가지고 세월호 사고를 모두 설명하기는 어렵다. 사고의 원인을 더 깊이 들여다보면 다음과 같은 구조적 문제점과 만난다.

- 안전을 무시하고 구조를 변경하고 과적한 데는 청해진해운의 탐욕이 자리 잡았다. 이익에만 급급한 해운업자의 과욕이 재난을 가져왔다. 세월호에서 일했던 선원은 사고 전부터 구조적 문제점이 있었다고 증언한다.
- 사고배경에는 이른바 '해수부 마피아'가 숨어있었다. 해양수산부 전직관리들이 장악한 한국선급, 해운조합은 세월호 구조변경을 승인하고 선박의 운항을 관리해 사고의 씨앗을 제공했다.
- 침몰사고가 3백여 명의 인명이 희생되는 대형참사로 확대된 것은 구조체계에 심각한 문제 때문이다. 해경 123정장, 배를 버리고 빠져나온 선장도 문제이지만 해경의 지휘체계, 정부의 컨트롤 타워 부재라는 문제점을 드러냈다.

<그림 11-4> 세월호 침몰사고 보도화면

초기 구조의 문제점을 지적한 리포트를 살펴보자.

세월호가 침몰하던 지난달 16일, 해경 경비정이 현장에 도착한 9시 반 쯤. 세월호는 45도 정도로 기울어져 있습니다. 갑판에는 승객들이 거의 보이지 않지만 아직까진 3, 4, 5층이 다 잠기지 않았습니다. 이때 바로 해경이 선내진입을 했다면 승객 3백여 명 가운데 상당수가 구조됐을 거란 지적이 나옵니다.

15분 뒤 해경 구조대원이 구명정을 펼치려고 시도할 때쯤에도 배는 60도 정도 기울기로 주변을 잡고 이동할 수 있는 각도였습니다. 하지만, 이때 해경이 가장 먼저 구한 건 선장과 선원들. 그동안 목포해경서장이 승객 퇴선지시를 4차례 했지만 경비정에선 별다른 조치가 없었습니다. 결국 해경 도착 후 47분 만에 배는 뒤집혀 108도까지 기울었고, 이때까지 배 안에서 구조를 기다리는 학생의 카카오톡 메시지가 전송됐던 것으로 확인됐습니다. 이 47분 동안 해경이 적극적으로 선체진입과 '퇴선명령'을 시도했는지가 의문인 상황.

— 〈KBS 뉴스〉 (2014. 5. 12)

이 리포트는 세월호 침몰사고가 대형 인명피해로 확대된 재난구조의 근본적인 문제점을 다음과 같이 지적한다.

- 세월호 구조의 핵심 문제점(재난으로 확대된 근본원인)
  - 해경이 선내로 진입하지 않았다.
  - 승객에게 퇴선을 지시하지 않았다.

퇴선지시를 하지 않은 해경 123정장은 사법처리 대상이 됐다. 해경은 초기구조 실패로 해체되는 불명예를 안았다. 사고 당시 재난대응 지휘체계의 문제는 지금까지도 계속 논란의 대상이다.

4) 가습기 살균제 사태

가습기 살균제 사태는 국내에서 발생한 최악의 화학제품 사고이다. 2017년 1월 현재 환경부가 확인한 피해자는 276명(사망 116명, 부상 160명)에 이른다.

가습기 살균제는 가습기의 세균번식을 막는 용도로 개발된 상품이다. 1990년대 말 가습기를 청소하지 않으면 세균의 온상이 된다는 뉴스가 보도된 이후, 시중에는 가습기 살균제가 유통되기 시작했다. 주식회사 옥시는 2000년부터 PHMG라는 물질로 가습기 살균제를 만들어 판매했다. 여러 업체가 같은 물질로 살균제를 생산했다. 연간 60만 개의 가습기 살균제가 팔려나갔다.

2006년부터 정체불명의 폐질환 환자가 나타나기 시작했다. 아기와 임산부가 대부분이었다. 폐 질환에 걸린 환자는 폐에 구멍이 생기고 폐가 뻣뻣하게 굳어가는 섬유화 증세를 보이다 사망했다. 의사

〈그림 11-5〉 가습기 살균제 사태 보도화면

는 원인을 몰라 손을 쓸 수 없었다.

2011년 5월 서울의 한 대학병원에 한꺼번에 여러 명의 환자가 입원하면서 문제가 불거졌다. 질병관리본부가 역학조사를 실시하고 8월 말 결과를 발표했다.

앵커 멘트 올 봄에, 갑자기 폐가 딱딱하게 굳어져 임산부 4명을 숨지게 한 질병의 원인물질이 가습기 살균제로 지목됐습니다. 질병관리본부는 가습기 살균제 사용과 판매 자제를 당부했습니다. 문소현 기자가 보도합니다.

리포트 올 봄 서울의 한 대학병원에만 알 수 없는 이유로 폐가 딱딱하게 굳어 입원한 환자가 16명. 출산 전후의 산모가 8명이었는데 이 중 4명이 사망했습니다. 질병관리본부는 이 질환의 원인이 가습기 살균제일 수 있다고 밝혔습니다. 폐손상 환자 18명을 조사했더니, 가습기 살균제를 사용했을 경우 그렇지 않은 경우에 비해 폐손상이 일어날 확률이 47배나 높았다는 겁니다.

인터뷰〔권준욱 (질병관리본부 감염병관리센터장)〕보통 가습기를 사용하고 나서 3~4개월 지나서 발병하는 것으로 보인다.

리포트 실제 가습기를 사용하지 않은 6월 이후에는 환자가 발생하지 않았고, MBC 취재결과로도 올해 발생한 폐손상 환자 16명 중 10명이 옥시, 세퓨, 롯데마트의 가습기 살균제를 사용한 것으로 확인됐습니다.

— 〈MBC 뉴스데스크〉(2011. 8. 31)

문제의 원인은 가습기 살균제로 밝혀졌다. 직접 원인이 가습기 살균제라면 근본원인은 무엇인가? 누가 생산하고 누가 허가했나? 왜 국민은 10여 년 동안 유해물질에 노출되었나? 근본원인을 밝히려면 가습기 살균제의 원료인 PHMG의 정체부터 살펴봐야 한다.

PHMG는 폴리헥사메틸렌 구아니딘(polyhexamethylene guanidine)이라는 공업용 항균물질이다. 이 물질은 1996년 주식회사 유공이 카펫 항균제 용도로 개발했다. 환경부는 1997년 이 물질이 카펫 제조에 쓰이는 공업용 물질로 "유해하지 않다"고 고시했다. 생활용품으로 쓰면 유해한지 여부는 밝히지 않았다.

옥시는 이 물질을 2000년 10월부터 가습기 살균제로 사용해 판매했다. 인체에 흡입했을 때 유해한지 여부는 확인되지 않았다. 가습기 살균제는 공산품으로 분류되었다. 공업용 살균제를 가정용 생활용품으로 판매한 제조업체의 무책임 행위와 정부규제의 허점이 가습기 살균제 사건의 근본원인이었다.

2006년부터 정체불명의 폐질환이 발생했고 어린이환자 사망률이 50%를 넘었지만 질병관리본부는 2011년까지 역학조사에 나서지 않아 피해를 키웠다. 가습기 살균제 역학조사를 발표한 것은 2011년, 검찰은 5년 후인 2016년 4월 수사에 나섰다. 한 달 후 옥시 대표는 검찰에 구속됐다.

<표 11-2> 가습기 살균제 사태 관련 문제점 분석

구분	상세 내용		
실태	폐질환 사망	원인	가습기 살균제 사용
문제점 (근본원인)	옥시: 공업용 원료를 유해성 확인 없이 생산, 판매 환경부: 공업용으로 유해하지 않다는 고시, 생활용품에 사용할 때 허점 질병관리본부: 역학조사 지연		

앵커 멘트 '가습기 살균제 사망사건'과 관련해 옥시 신현우 전 대표 등 가해업체 핵심관계자 4명이 모두 구속됐습니다. 보도에 김태윤 기자입니다.

리포트 가장 많은 피해자를 낸 '옥시' 측 신현우 전 대표와 핵심관계자 2명, '세퓨' 전 오 모 대표가 구속됐습니다. 영장 실질심사를 한 서울중앙지법은 "범죄사실의 소명이 있고 구속의 사유와 필요성이 인정된다"고 밝혔습니다.

검찰은 14명의 사망자를 낸 가습기 살균제 '세퓨'의 경우 "독성 화학물질 PGH가 인체에 무해한 기준보다 160배 넘게 들어간 것으로 조사됐다"고 밝혔습니다. '세퓨' 제조업체 오 모 전 대표가 전문지식이 없다 보니 PGH 농도를 물에 강하게 희석해 제품을 만들었다고 검찰은 설명했습니다.

―〈MBC 뉴스〉(2016. 5. 14)

가습기 살균제 사태는 기업과 정부의 의무와 책임이 무엇인가를 보여준다. 기업은 인체에 유해한 제품을 생산하지 않아야 하고 정부는 국민의 생명을 보호하고 안전을 도모할 책임이 있다. 이 규범에 구멍이 생기면 국민은 고통받는다.

3. 심층보도가 아닌 문제점 분석 리포트

실태, 원인, 문제점의 순서로 리포트를 구성하다 보면, 문제점 부분에서 근본원인이 아닌 문제를 다루는 경우가 생긴다. 실태에서 일반현황을 전하는 경우이다. 실태에서 뉴스가 아니라 일반현황을 다루면 리포트의 성격이 달라진다. 이러한 경우 외형은 심층보도이지만 내용은 문제를 제기하는 리포트가 된다. 심층보도와 혼동할 수 있으므로 주의가 필요하다. 이 유형의 예시로 타이레놀의 부작용 위험성을 보도한 리포트를 살펴보자.

리포트 타이레놀은 태아에 비교적 안전하다는 이유로 임신부들의 해열제로 많이 처방되어왔습니다.
인터뷰〔산부인과 전문의〕 열이 나는 거 자체가 해롭거든요. 임산부들에게… 신속하게 열을 떨어뜨리는 해열제이고.
리포트 하지만, 임신 중 타이레놀을 복용하면 아이에게 주의력결핍 과잉행동장애(ADHD) 유사증세가 나타날 가능성이 높다는 연구결과가 미국의사협회 저널〈소아과학〉(*JAMA Pediatrics*)에 실렸습니다. 특히, 임신 중 20주 이상 장기간 복용하면 50%까지 높아졌습니다.
인터뷰〔비트 리츠 박사(미국 캘리포니아대학)〕 임산부는 가능하면 모든 약을 피하는 것이 좋습니다.
리포트 타이레놀 제조사는 "복용 설명서에 따라서만 사용하면 안전하다는 것이 지난 50여 년의 임상에서 증명되고 있다"고 반박하고 있어, 타이레놀의 주성분인 아세트아미노펜과 ADHD의 인과관계에 대한 의학계의 연구결과가 주목되고 있습니다.
— 〈MBC 뉴스〉(2014. 2. 25)

이 리포트는 타이레놀의 일반적인 사용현황을 설명하고 미국 연구진이 새로 밝혀낸 위험성을 지적했다. 심층보도를 닮았지만 일반적인 문제제기 리포트이다. "임산부가 타이레놀을 먹으면 부작용이 있을 수 있다"는 뉴스를 전달한다. 이 리포트는 타이레놀 사용현황, 사용이유, 부작용, 대책의 4단계로 구성되었으며 상세한 내용은 〈표 11-3〉과 같다. 뉴스프로그램에서는 뉴스배경에 관한 시청자의 이해를 돕기 위해 배경을 설명하거나 상식의 허실을 알아보기 위해 종종 이러한 구성을 한다.

〈표 11-3〉 타이레놀 부작용 관련 리포트 구성

구분	상세 내용		
실태	임산부 사용	원인(사용이유)	신속한 해열
문제점	임산부의 아이에게 주의력결핍 과잉행동장애 증상 높아져		
문제해결	연구자: "임산부, 가능하면 모든 약을 피하라" 제조사: "복용 설명서 따르면 안전"		

〈그림 11-6〉 타이레놀 부작용 관련 보도화면

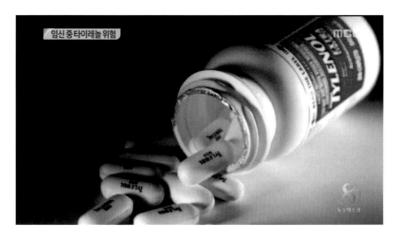

4. 문제점 분석과 문제해결

문제점, 근본원인을 분석하는 목적은 문제해결이다. 책임 소재를 가려내는 목적도 있지만 궁극적으로 문제의 뿌리를 찾아내 문제를 해결하고 재발을 막는 데 목적이 있다.

1995년에 발생한 삼풍백화점 붕괴사건을 들여다보자. 당초 삼풍백화점의 용도는 아파트에 딸린 종합상가였다. 건축주인 삼풍건설 측은 이 건물을 백화점으로 용도변경을 했다. 설계보다 1층을 증축해 5층을 만들었다. 매장을 넓히려고 벽을 없애고 기둥을 제거했다. 1990년 서울시 관계자, 구청장은 뇌물을 받고 건축허가를 내줬다. 사고발생 1~2년 전, 옥상에 설치한 무거운 냉각탑을 끌어서 옮기고 2층에 서점을 입주시키면서 건물에 균열이 생기기 시작했다.

1995년 6월 29일 오후 2시쯤 백화점 5층에서 파열음이 들려왔다. 백화점 측은 그대로 영업을 계속했다. 오후 5시 57분 백화점 건물은 거대한 폭발음과 함께 무너졌다. 지하 4층까지 폐허가 됐다. 502명이 사망하고 900여 명이 부상했다. 가장 많은 인명피해를 낸 최악의 사고로 기록됐다. 붕괴원인은 부실시공이지만 그 뿌리에는 부정, 비리, 탐욕, 무지가 자리 잡았다. 삼풍백화점 사건 이후 책임감리 제도가 강화되고 〈시설물 안전 특별법〉이 제정됐다.

2015년 5월과 6월에 발생한 메르스 사태는 최종적으로 38명의 사망자를 내고 막을 내렸다. 메르스 사태는 인명피해 이상의 사회, 경제적 악영향을 가져왔다. 시민이 외출과 활동을 꺼리고 외국인 관광객이 입국을 기피하면서 경제성장률까지 하락했다. 보건복지부는 메르스가 큰 질병이 아니라며 파장을 축소하기에 급급했다. 메르스 감염병원을 공개하지 않으면서 메르스는 안개처럼 번져나갔다. 병원을 공개하라는 지방자치단체와 시민의 요구가 빗발치자 보건복지부는 6월 7일 뒤늦게 24개 병원 명단을 공개했다. 병원 명단공개이후 메르스 사태는 진정세로 돌아섰다. 메르스 사태가 확산된 근본원인에는 공무원, 관료의 문제가 자리 잡았다.

　TV뉴스가 저널리즘에 충실하려면 심층보도에 더 많은 노력을 기울여야 한다는 목소리가 높다. 이제 문제점 분석에 이어 문제해결에 대해 알아보자.

연습문제

1. 2011년 7월 27일 아침 서울특별시 서초구 우면산에서 대규모의 산사태가 발생해 주민 16명이 숨지고 51명이 다쳤다. 우면산 일대에는 시간당 100밀리리터의 폭우가 쏟아졌다. 사고당시 서울시는 산사태 원인을 120년 만의 폭우에 의한 '천재'(天災)라고 밝혔다. 그런데 2014년 3월 서울연구원의 '산사태 원인 추가, 보완 조사보고서'는 폭우와 함께 행정기관의 예방조치 부족을 원인으로 지적했다. 조사보고서를 보고 산사태 근본원인에 대해 토론해 보자.

   우면산 일대 13개 지구 31개 유역에 대한 산사태 및 토석류 위험도 평가 결과, 2011년 산사태 발생 직전의 강우량 적용 시 31개 유역 모두 위험 또는 매우 위험지역으로 평가되었다. 따라서 2010년 산사태 피해 이후 덕우암 지구와 공군부대를 포함한 우면산 전 지역에 대한 산사태 및 토석류 안전대책을 즉시 강구했다면 비록 2011년 산사태 이전에 사방공사를 끝마치지 못하였다 하더라도 인명손실 예방과 함께 재산피해도 대폭 감소시킬 수 있었다고 판단된다〈우면산 산사태 원인 추가, 보완 조사요약보고서〉(2014.3).

2. 경기도 부천시의 한 초등학교 1학년생 7살 최 모 군은 2012년 4월말부터 장기결석을 시작했다. 그로부터 3년 9개월이 넘은 2016년 1월, 최 군은 집 내부에서 시신으로 발견됐다. 경찰 조사결과 최 군은 2012년 가을 아버지에 의해 폭행당한 뒤 치료를 받지 못해 숨진 것으로 밝혀졌다. 초등학생의 사망사건이 3년이 넘도록 감춰진 이유는 무엇인가? 행정체계에 어떤 허점이 있었는지 확인해 보자.

3. 최순실 씨는 박근혜 대통령의 연설문을 고치고 정책수립·인사에 개입하는 등 국정을 농단하고, 대기업 출연금으로 세운 재단의 자금을 빼돌리려 한 혐의를 받고 있다. 최 씨가 정책에 개입하고 비선실세로 활동할 수 있었던 근본 원인은 무엇인지 토론해 보자.

12장

리포트 구성: 문제해결

1. 문제해결에 대한 이해

1988년 서울올림픽이 끝난 뒤 아파트 가격은 하루가 다르게 뛰었다. 며칠 사이에 몇천만 원이 올랐다. 전국 평균 주택가격은 1989년 14.6%, 1990년 21%가 올랐다. 민심이 동요했다. 아파트값을 잡지 않으면 폭발할 지경이었다. 아파트 값이 폭등한 원인은 저금리, 저유가, 저환율의 3저 현상 때문이기도 했지만 주택부족이 근본원인이었다. 정부는 200만 호 주택건설 계획을 발표하고 대량으로 아파트 물량을 쏟아 넣었다.

1991년부터 흐름에 변화가 시작됐다. 수도권 5개 신도시에서 아파트 입주를 시작하면서 집값은 하락세로 돌아섰다. 1991년에서 2000년까지 집값은 안정세를 보였다. 1990년대의 집값 안정은 근본원인을 찾아 문제를 해결한 사례이다. 200만 호 건설은 집값 안정에 기여했지만 부실시공, 교통난, 베드타운 문제 등 또 다른 부작용을 낳았다.

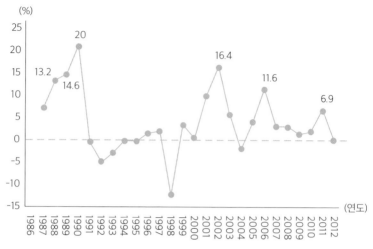

<그림 12-1> 전국 주택매매가격 증감률 추이

출처: KB국민은행(2016).

문제해결은 막힌 문제를 풀어 바람직한 상태로 만드는 것이다. 사회갈등, 범죄, 경기침체 등 많은 사람에게 고통을 주는 문제에 대해 해법을 찾아 어려움을 줄이는 것이 문제해결이라 할 수 있다.

1) TV뉴스의 문제해결 유형

TV뉴스는 여러 방법으로 문제해결에 접근한다. 대부분은 문제를 제기하고 대책을 촉구하는 유형이지만 문제해결책을 직접 제시하는 리포트도 있다.

(1) 실태 전달

대책에 대한 언급 없이 실상을 보여준다. 실상을 보여줌으로써 간접적으로 대책을 촉구한다.

- 이재민은 텐트 하나 없이 밖에서 밤을 샙니다.
- 피해자가 계속 늘어납니다, 농민은 애를 태웁니다.

(2) 당국에 대책 촉구

문제를 제기한 뒤 마지막 문장에 대책을 촉구한다. 이러한 형식의 리포트를 가장 많이 볼 수 있다.

- 대책이 시급합니다, 단속이 필요한 실정입니다.
- 주민은 정부의 대책마련을 촉구했습니다.
- 제도개선이 필요하다고 말합니다.

(3) 정책 전달과 비평

정부의 대책을 전달하고 정책을 평가한다. 이러한 형식의 리포트도 많은 편이다.

- 개선책을 발표했습니다, 복구작업 중입니다, 단속할 계획입니다.
- 개선효과가 기대됩니다, 주민들은 환영의 뜻을 나타냈습니다.
- 미흡하다는 평가입니다, 부작용이 우려됩니다.

(4) 정책 토론

뉴스에서 양측의 입장을 소개하는 리포트를 하거나 이해당사자들이 직접 나와 토론하는 것도 문제해결책을 제시하는 방법이다.

- 양측의 의견을 들어봤습니다.
- 공청회에서 치열한 토론을 벌였습니다.

(5) 대안, 해결책 제시

큰 이슈가 발생했을 때 관련보도에서는 전문가를 출연시키거나 국내외 사례를 들어 대안을 제시하는 사례를 볼 수 있다. 집중취재와 심층보도에서는 일반적으로 문제해결책 제시에 공을 들인다.

캠페인은 사회계몽을 통해 문제해결에 도움을 준다. IMF 외환위기 때의 금모으기 운동, 안전벨트 매기 운동, 결혼・장례문화 개선 운동, 환경보호를 위한 연속기획물 등의 캠페인을 들 수 있다.

(6) 새로운 정보 전달

드론, 무인자동차, 전기자동차, 3D 프린터 등 최신 과학기술에 관한 보도는 정보로서도 가치 있지만 문제해결에 도움을 준다. 이러한 보도는 정부와 기업에 자극제가 되고 규제완화와 같은 정책변화를 가져온다.

2) 문제해결 저널리즘

2000년대 들어 미국에서는 갈등보다는 해결을 중심으로 보도하는 갈등해결 저널리즘(conflict resolution journalism), 문제해결을 중시하는 해법 저널리즘(solutions journalism) 운동이 일어나기 시작했다. 데이비드 본슈타인과 티나 로젠버그는 〈뉴욕타임스〉에 2010년부터 문제해결을 뜻하는 "픽시스"(Fixes) 라는 칼럼을 썼다.

이 칼럼은 문제해결을 위한 다양한 모범사례를 보여준다. 엄격한 법 집행보다 시민의 신뢰회복에 힘쓰는 캘리포니아 스탁턴 시 경찰의 사례, 흡연 욕구를 억제하는 혐오스런 디자인의 담배포장, 교통사고 피해자를 돕기 위해 법 개정에 앞장선 인도의 시민단체 이야기를 소개했다. 본슈타인은 '솔루션스 저널리즘 네트워크'(Solutions Journalism Network) 라는 단체를 만들어 해법 저널리즘 확산과 교육에 나선다.

미국 언론은 1900년대 이래 객관주의 저널리즘의 전통을 유지했다. 객관주의는 제 3자의 입장에서 갈등을 전하고 문제해결에 직접 나서지 않는 것을 원칙으로 한다. 그러나 1990년대 이후 객관주의가 시민의 문제를 해결하지 못한다는 비판이 제기되면서 새로운 저널리즘이 등장했다. 시민이 직접 뉴스제작에 참여하는 공공 저널리즘(public journalism), 시민 저널리즘(civic journalism)이 나타났고 해법 저널리즘이 이러한 흐름을 이어간다.

2. 문제해결 방법

세상에 문제는 다양하고 문제해결 방법도 무수히 많다. 문제해결 과정을 일반화하고 체계화한 사람은 헝가리 출신 미국 수학자 폴리아(Polya, 2014) 이다. 그는 《문제를 어떻게 해결하는가》(How to Solve It) 에서 4단계의 문제해결 방법을 제시했다.

① 문제가 무엇인지 이해한다(understand the problem).
② 문제해결 계획을 구상한다(devise a plan).
③ 계획을 실행한다(carry out the plan).
④ 해법을 검토한다(look back).

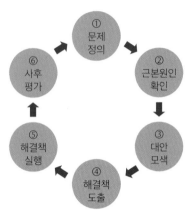

〈그림 12-2〉문제해결 6단계 모델

출처: Restructuring Associates Inc. (2008).

폴리아는 처음에 수학교육을 위해 이 방법을 개발했다. 단순해 보이지만 이 방법은 문제를 찾고 발견하는 과정을 담았다. 폴리아의 문제해결 방법은 경영, 과학연구, 교육, 프로그래밍 등 많은 분야에 활용된다. 후에 이 모델을 응용한 다양한 모델이 개발되었다.

이 책에서는 미국의 경영컨설팅 회사 리스트럭처링 어소시에이츠 (Restructuring Associates Inc., 2008) 가 개발한 문제해결 6단계 모델을 함께 살펴보려고 한다(〈그림 12-2〉).

① 문제정의: 문제가 무엇인지를 확인하는 단계이다. 뉴스의 실태보도에 해당한다.
② 근본원인 확인: 뉴스의 원인, 문제점(근본원인) 분석에 해당한다.
③ 대안모색: 가능한 한 많은 대안을 생각한다. 대안을 문제의 원인과 연결해 본다.
④ 해결책 도출: 타당성(*feasibility*)과 수용성(*acceptability*)을 검토하여 해결책을 도출한다.

⑤ 해결책 실행: 선택한 해결책으로 액션플랜(*action plan*)을 만든다.

⑥ 사후평가: 해결책이 효율적으로 실행되었는지를 모니터한다.

이 모델은 폴리아 모델보다 세분화되었고 기업현장의 문제해결 과정과 유사한 구조를 가졌다. 정부정책 결정과정도 이와 비슷하다. 문제해결에 관한 뉴스를 제작할 때 이러한 문제해결 모델을 응용하는 것이 큰 도움이 될 수 있다.

3. 문제해결 전략

문제해결은 고양이 목에 방울을 다는 일이다. 문제해결까지는 험난한 과정이 남는다. 에베레스트 산의 지형과 등산루트를 알아도 정상정복은 또 다른 문제이다. 에베레스트 등반을 위해서는 치밀한 전략과 대안이 필요하다.

문제해결에는 어떤 전략이 있는가? 전 미국 심리학회 회장 핼펀 (Halpern, 2014)은 《생각과 지식》(*Thought and Knowledge*)에서 다음과 같은 다양한 문제해결 전략을 제시했다. 이 전략들이 복잡한 사회문제를 해결해주는 것은 아니지만 문제해결에 관한 아이디어를 제공해준다.

- 수단-목표 분석(*means-ends analysis*): 단계적으로 목표를 달성해가는 전략이다. 1960~1970년대의 경제개발 5개년 계획이나 지하철, 고속도로 건설의 단계적 추진이 이러한 전략이다.
- 거꾸로 생각하기(*working backwards*): 목표의 관점에서 현재상황을

해결하는 전략이다. 디지털 이동통신, 디지털 TV기술, 실명제 도입과 같이 선진국 모델을 직수입하거나 벤치마킹하는 것을 들 수 있다.

- 무작위로 찾기(*random search and trial-and-error*): 확실한 해결책이 없는 상황에 놓여있다면 시행착오를 각오하고 다양한 시도를 하는 것이 문제해결에 걸리는 시간을 줄일 수 있다. 무작위로 찾기의 대표적 사례로는 불심검문이나 무작위 음주단속이 있다.

- 규칙성(*rules*): 교통사고 다발구역, 상습 침수지역같이 비슷한 현상이 반복될 경우 해결책을 비교적 쉽게 찾을 수 있다. 제2차 세계대전 당시 영국군이 독일군의 암호를 해독한 것도 규칙성 발견으로 가능했다.

- 유비·은유(*analogies and metaphors*): 사람들은 새를 보고 비행기를 만들고, 물고기를 보고 잠수함을 만들었으며, 곤충을 보고 드론을 만들었다. 이러한 사례는 모두 유비·은유 전략으로 볼 수 있다. 서산방조제 공사 때 난관에 부딪힌 마무리 작업을 해결한 것도 이러한 유비·은유 전략이었다. 당시 시공업체는 유조선을 하나의 커다란 돌이라 생각하고 둑을 막는 데 사용했다.

- 모순(*contradiction*): 서로 모순되는 것을 결합해 해결책을 만들어내는 전략이다. 더러운 하수와 맑은 하천을 분리하는 하수관거는 도시 하천의 문제를 상당부분 해결했다.

- 브레인스토밍(*brainstorming*): 여러 아이디어를 모아 창조적으로 해결책을 찾는 방법이다. 이 방법은 정부, 기업, 연구소, 대학에서 많이 활용한다.

- 전문가 자문(*consult an expert*): 외부 전문가의 도움을 받아 해결한다. 정부의 각종위원회, 기업의 자문기관이 전문가 자문전략의 예시라 할 수 있다.

- 공개모집(*crowdsourcing*): 대중으로부터 아이디어를 모으는 방법이다. 아이디어 공모, 제안제도를 들 수 있다.

헬핀은 문제해결 전략은 문제의 성격에 따라 다르며 여러 전략을 결합해 사용하는 것이 효과적이라고 말했다. 언론은 직접 문제를 해결하는 주체는 아니지만 뉴스를 통해 문제해결에 기여한다. 언론은 유익한 정보와 대안을 제시함으로써 문제해결을 도와주는 역할을 한다.

4. 문제해결 사례

1) 세월호 사고의 문제해결

세월호 사고는 근본원인이 상당부분 드러나면서 문제해결의 방향을 잡았다. 검찰수사와 언론의 집중보도로 청해진해운, 해양수산부 마피아의 검은 실체가 드러났다. 해경은 질타의 대상이 됐다. 정부는 대형재난의 재발방지를 위해 여러 대안을 검토했다. 결국 해경을 해체하고 국민안천처를 신설하기에 이르렀다. 사고 이후 청해진해운과 해양수산부 마피아, 해경 일선지휘관은 검찰수사를 받았고 책임자는 문책을 받았다. 세월호 사고는 사건의 충격만큼 문제해결 과정도 큰 파장을 일으켰다.

(1) 청해진해운 수사

청해진해운은 사고 직후 영업이 정지됐고 이준석 선장을 비롯한 15명의 선원은 기소되어 재판을 받았다. 청해진해운의 사주인 유병언 씨는 2014년 7월 숨진 채 발견됐다.

(2) 해운단체 수사

검찰은 한국해운조합과 선박안전기술공단을 수사해 전 한국해운조합 이사장, 안전본부장 등 18명을 구속기소하고 전 선박안전기술공단 이사장 등 25명을 불구속 기소했다. 이들은 세월호의 안전검사를 하지 않고 확인서명을 해주었고 뇌물을 받거나 공금을 횡령해 유흥비로 탕진한 것으로 밝혀졌다. 이 사건 이후 공무원이 퇴직 후 3년 동안은 관련기관에 취업하지 못하도록 하는 〈공직자윤리법 개정안〉, 이른바 '관피아' 법이 제정돼 2015년 4월부터 시행되었다.

(3) 국민안전처 신설

세월호 사고를 계기로 2014년 11월 국민안전처가 신설됐다. 국민안전처는 안전과 재난에 관한 정책업무의 총괄책임을 맡았다. 해양경찰청은 해체돼 국민안전처 산하 해양경비안전본부로 개편됐다. 당시 구조를 맡은 해경 123정장은 실형을 선고받았다. 그 윗선의 간부들은 법정에 서지 않았다. 감사원의 요구에 따라 해경과 해양수산부 공무원 50여 명이 해임되거나 강등됐다.

　세월호 사고 이후 선박에 대한 안전검사가 강화되고 여객선사와 선원의 의식이 이전과 달라졌다는 평가가 나온다. 진정한 문제해결은 정부와 사회가 사건을 교훈삼아 국민의 안전을 철저하게 지켜나가느냐에 달렸다.

2) 대형차량 사고의 문제해결

2016년 7월 17일 오후 5시 54분쯤 영동고속도로 봉평터널 앞에서 관광버스가 승용차 5대를 들이받아 4명이 숨지는 사고가 일어났다. 이 리포트는 대형차량 사고의 위험성을 지적하고 실용적 대안을 제시했다.

> 앵커 멘트 강원도 봉평터널 앞. 관광버스가 승용차 다섯 대를 잇달아 들이받는 데 걸린 시간은 10초가 조금 넘습니다. 이 짧은 시간에 4명이 숨지고 16명이 다쳤습니다. 대형차의 폭주, 그 위험한 실태를 황정호 기자가 긴급 점검했습니다.
> 리포트 30톤 가까이 되는 레미콘 차량이 신호 대기 중인 승용차를 덮칩니다. 신호를 무시하고 달리다 벌어진 일입니다. 막무가내로 차선을 바꾼 대형 탱크로리에 승용차는 도로 끝까지 밀려납니다. 대형차의 아찔한 질주는 오늘도 멈추지 않습니다. … 이 때문에 미국 등에서는 대형차가 차선을 벗어나거나 일정거리 안에 다른 차량이 포착되면 경보음이 울리거나 자동으로 브레이크가 작동하는 시스템이 도입되고 있습니다. 실제로 미국 고속도로 안전협회 조사 결과 이 같은 시스템을 장착하면 충돌사고를 40%나 줄일 수 있는 것으로 나타났습니다.
>
> — 〈KBS 뉴스〉 (2016. 7. 18)

이 리포트는 마지막 부분에서 미국의 사고예방장치를 대안으로 제시했다. 여기서 말하는 사고예방장치는 차선이탈 경고시스템(*lane departure warning system*)과 충돌회피 시스템(*collision avoidance system*)이다. 이 장치는 2010년 이후 미국에서 판매되는 일부 자동차에 장착되기 시작했으며 무인자동차 개발에도 활용되었다.

3) 세탁기 감전사고의 문제해결

1994년 1월 어느 날 서울시 송파구 주택에 사는 한 가정주부는 전기세탁기 뒤로 넘어간 빨래를 집으려고 세탁기에 손을 댔다가 감전사했다. 경찰의 원인조사가 이어졌고 유족들은 사고원인을 세탁기의 문제라고 주장했다. 당시에는 제조물 책임보험(*product liability*) 제도가 없어 전기제품을 사용하다 피해가 발생해도 손해배상을 받기 어려웠다. 가전업체들은 미국에 수출하는 가전제품만 제조물 책임보험에 들고 국내 판매제품에는 보험에 들지 않았다. 필자는 주부 감전사를 계기로 소비자 보호문제를 지적했다.

〈그림 12-3〉 세탁기 감전사고 보도화면

리포트 지난 12일 오후 욕실에서 빨래를 하던 주부 이혜진 씨가 젖은 손으로 세탁기에 손을 댔다가 감전돼 숨졌습니다. 손이 닿았던 세탁기 밑부분이 새카맣게 탔습니다. 문제의 세탁기는 ○○전자가 지난 85년에 생산한 ○○모델입니다. 경찰은 세탁기의 결함여부는 국립 과학수사연구소의 조사가 끝나야 알 수 있다고 밝히고 있습니다. 유족들은 세탁기의 결함 때문에 숨졌다고 주장합니다.

인터뷰 〔이영수(감전사 주부 남편)〕 손등이 다 탔으니까 그 감전된 원인은 전기코드라든가 전선에 문제가 있는 것이 아니고 세탁기에 의한 감전이라고 판단됩니다.

리포트 유족들은 이와 똑같은 세탁기를 쓰는 사람들도 감전사고를 당할 위험이 있다고 주장하고 있습니다. 우리나라에는 사고가 난 후에라도 똑같은 사고가 재발되지 않도록 같은 모델의 제품을 교환 또는 수리해주는 리콜제도가 없습니다. 또한 소비자가 사고를 당했을 때 피해를 보상받을 수 있는 길이 없다는 것도 문제입니다.

소비자들의 권리와 이익을 보호하는 장치가 제대로 갖춰진 미국의 경우 리콜제도와 보상은 필수적입니다. 국내 가전업체들이 미국에 가전제품을 수출하려면 미국 보험업자협회가 비준한 까다로운 UL규격에 합격해야 하고 사고가 났을 때 피해를 보상해주기 위한 보험료까지 물어야 합니다.

—〈MBC 뉴스〉(1994. 1. 19)

리포트가 나간 뒤 사고제품 제조사는 '고객 신권리 선언'이라는 소비자 보호대책을 발표했다. 이 회사는 자신이 생산하는 모든 가전제품에 제조물 책임보험에 가입하고 손해가 발생할 경우, 최고 2억 원까지 배상하겠다고 밝혔다. 소비자 보호를 강화한 문제해결 전략은 소비자의 신뢰를 높이는 계기가 됐다. 정부는 2002년 7월 모든 공산품에 〈제조물 책임법〉을 도입했다. 기업은 보험료 부담 때문에 제품의 품질관리를 강화하게 됐고 소비자는 제품피해에 대해 합당한 보상을 받게 됐다.

4) 화학물질 공포에 대응하기

2016년 봄 가습기 살균제 문제가 확산되면서 사람들은 화학제품 구매를 기피했다. 사람들은 화학제품의 공포를 어떻게 극복하는가? 뉴스에서는 살균제 사태 이후 달라진 주부의 소비행태와 모범 사례를 보여줌으로써 시청자의 생활에 도움을 줄 수 있다. 주부는 화학물질이 들어간 생활용품을 기피하고 천연제품을 찾는 경향을 보인다. 이 리포트는 화학제품의 위험성을 피하려고 직접 대안을 찾는 주부의 안타까운 노력을 보여준다.

> 리포트 7개월 된 아이를 둔 주부 이 모 씨. 아이가 먹는 것만큼은 직접 만들거나 유기농제품 구매만을 고집해왔습니다. 최근 가습기 살균제 사건이 터진 뒤 물티슈와 세제, 방향제 등 생활용품까지도 더욱 신경 쓰게 됐습니다.
> 인터뷰〔이 모 씨(서울 마포구)〕아무래도 아기용으로 나온 제품들을 고를 때 다시 한 번 더 많이 생각하고 사게 되는 것 같아요. 그것들도 아이들에게 무해하다고 했던 제품에서 그런 문제가 있었던 것이기 때문에….
> 리포트 마트에 쇼핑을 나와서도 한참을 진열대 앞에서 망설이는 주부들. 베이킹소다와 구연산 등 천연성분으로 만든 대체품을 구매하기도 하지만 어딘지 불안한 마음에 아예 직접 만들기를 결심합니다.
> 인터뷰〔김태균・박미화(서울 서대문구)〕인터넷에서 정보도 많이 보고요. 기업도 따져서 선택하고요. (직접 만들어 쓰려고) 생각하고 있

고, 시도해 보려고 수업이나 이런 것도 알아보고 있어요.

리포트 화학용품을 피할 수 있는 정보를 인터넷 커뮤니티를 통해 공유
하고 국내 출시제품에 대한 불신으로 미국이나 유럽 등에서 값비싼 배
송비를 지불하며 용품을 직접 구매하는 이들도 늘고 있습니다.

—⟨연합뉴스 TV⟩ (2016. 5. 16)

5. 한국사회와 정부정책

한국사회의 문제해결에 가장 큰 책임을 갖는 주체는 정부이다. 정
부예산은 2016년을 기준으로 386조 원, 국민총생산 GDP의 24%를
차지하며 공무원 조직의 규모는 100만 명이 넘는다. 정부가 하는 일
은 수치를 넘어 국민생활에 절대적 영향을 미친다. 사회문제 대부
분이 법, 제도와 관련되고 정부정책과 밀접하게 연결된다.

정책 결정권자는 어떻게 의견을 수렴하고 어떻게 정책을 결정하
는가? 기자는 정책결정에 관해 자세히 알아야 정보를 전달하고 올
바르게 평가할 수 있다. 학자들은 일반적으로 정부의 정책결정 과
정을 다음과 같이 5단계로 나눈다 (남궁근, 2012).

1) 의제설정

의제설정은 정부가 정책과제를 정하는 일이다. 사회문제 가운데 논
란이 되는 쟁점 (*social issue*) 은 공공의제 (*public agenda*) 로 떠오른다.
정부는 공공의제 가운데 정부의제 (*government agenda*) 를 설정하고
문제해결에 착수한다.

2) 정책분석

정부는 문제를 해결하기 위해 여러 대안을 검토한다. 정책에는 당근정책과 채찍정책이 있다. 당근정책은 예산을 쓰는 일이고 채찍정책은 규제하는 일이다. 정부는 교육, 복지, 건설 등에는 예산을 지원하고 환경, 안전분야에는 규제정책을 편다.

정책을 결정할 때 중요한 기준은 효과성과 능률성, 형평성이다. 효과성(effectiveness)은 정책목표를 얼마나 달성하느냐이다. 국방, 외교정책, 안전관리, 치안문제는 비용보다 목표 달성이 중요하다. 능률성(efficiency)은 경제성을 판단한다. 특정계층에 혜택이 쏠리지 않도록 하는 형평성(equity)도 중요한 고려사항이다.

3) 정책결정

정책결정은 선택이다. 정책결정에는 많은 이해관계가 얽혀 갈등이 빚어지곤 한다. 특히, 한국사회는 사회갈등이 심해 정책결정 과정에서 많은 충돌이 빚어진다. 새만금사업, 의약분업, 세종시 이전, 한미 FTA, 4대강 사업, 제주 해군기지 건설, 공무원 연금, 노동법 개정, 사드(THAAD) 배치 등 충돌사례는 수없이 많다. 정책이 합리적으로 결정되도록 감시하고 시민포럼을 통해 대화와 타협을 유도하는 것이 언론의 중요한 역할이라 할 수 있다.

4) 정책집행

정책은 정책의 내용, 집행기관, 정책 지지도에 따라 효과가 달라질
수 있다. 국민이 정책에 얼마나 호응하느냐에 따라 정책의 성공과
실패가 좌우된다.

5) 정책평가

정책을 시행한 뒤 효과와 문제점을 평가한다. 정책평가는 책임소재
를 분명히 하고 정책개선을 위해 중요한 과정이다. 정부정책을 객관
적으로 평가하려면 국제기관의 평가를 살펴보는 것이 한 방법이다.
스위스 국제경영개발대학원(IMD)이 평가한 2016년 국가경쟁력
순위에서 한국은 61개 나라 가운데 29위를 기록했다. 경제성과에서
21위, 정부효율성 26위, 기업효율성 48위, 인프라에서 22위를 차지
했다. 기업효율성 순위는 가습기 살균제사건과 구조조정 문제가 사
회적 이슈로 부상하면서 크게 하락했다. 노동분야는 51위에 그쳤
다. 세계경제포럼(World Economic Forum · WEF)이 평가한 2015년
국가경쟁력 순위에서 한국은 140개 나라 가운데 26위를 기록했다.
다른 나라보다 크게 뒤지는 분야를 보면 한국사회의 문제를 발견하
게 된다. 80위 이하에 머무는 정부, 기업, 노동, 금융분야의 문제점
은 문제해결 노력이 어디에 집중되어야 하는지를 보여준다.
한국사회는 시장실패와 정부실패를 동시에 경험하고 있다. 시장
의 실패는 대기업 집중, 소득불균형, 환경공해 문제 등을 말한다.
정부의 실패는 과도한 개입과 비효율, 관료주의이다. 정부와 시장

이 원활하게 작동하려면 시민의 참여와 여론형성이 중요하다. 정책은 정부만의 몫이 아니다. 정부와 시민, 사회단체, 언론이 함께 만들어가야 한다.

〈표 12-1〉 항목별 국가경쟁력 순위

항목	순위
공무원 의사결정의 편파성	80위
금융시장 성숙도	87위
노동시장 효율성	93위
정치인에 대한 공공의 신뢰	94위
기업경영 윤리	95위
정부규제 부담	97위
시장지배의 정도	97위
정책결정의 투명성	123위

출처: WEF (2015).

6. 정책뉴스 사례

정부의 모든 정책결정 과정은 뉴스의 대상이 된다. 관련보도를 통해 직접 확인해 보자.

1) 담뱃값 인상 문제

담뱃값 인상 문제는 한동안 뜨거운 논란의 대상이 됐다. 보건복지부는 국민건강을 위해 흡연율을 낮추겠다며 2015년 1월 담뱃값을 한꺼번에 80%를 올렸다. 2천5백 원 하던 담배가 4천5백 원으로 올

〈그림 12-4〉 담뱃값 인상 관련 보도화면

랐다. 흡연율이 얼마나 낮아졌을까? 정부는 담뱃값을 올리면 1년 후 흡연율이 35% 낮아질 것이라고 예측했다. 결과는 23%로 나타났다. 담뱃값을 올리면 흡연율이 낮아지는 것은 외국의 사례에서도 증명됐다. 그러나 흡연자는 담뱃값을 많이 올린 게 세금 때문이 아니냐며 여전히 의구심을 표시한다.

앵커 멘트 국민건강을 지키겠다는 명분을 내세워 정부가 올해 초 담뱃값을 올렸습니다. 그런데 그 이후 1년 동안 담배판매로 걷은 세금은 4조 원 넘게 늘어난 반면, 금연효과는 미미한 걸로 나타났습니다. 심우섭 기자입니다.
리포트 올해 초 담뱃값이 크게 뛰면서 함께 세웠던 금연결심, 대부분 흡연자에게 오래가지 못했습니다.
인터뷰 〔김용신 (경기도 남양주)〕 저도 한 일주일, 열흘 정도 (금연) 하다가 다시 피우게 된 것 같아요. 이상하게 끊는 게 쉽지가 않아요. 유혹이 너무 많아요.

리포트 가격이 오른 1월의 경우 담배판매량이 지난해 1월의 절반 정도로 줄었지만, 2월 3분의 2 수준으로 늘더니, 3월 들어 2억 4천만 갑을 기록해 평년 판매량에 근접했습니다. 금연에 실패한 사람이 늘어나고 가격인상에 둔감해진 겁니다.

인터뷰 〔편의점 주인〕 작년 12월에 많이들 사재기해서 (담배가) 많이 안 팔린 건 사실이에요. 1월, 2월에는….

리포트 반면 담뱃값을 올려 올해 정부가 거둔 세금은 지난해에 비해 약 4조 3천억 원 늘어난 것으로 나타났습니다. 올해 모두 33억 3천만 갑이 팔려 담배로 얻은 세수가 11조 4백억 원, 한 해 만에 64%나 늘어난 겁니다. 흡연율을 낮춘다는 명분으로 담뱃값을 올렸지만 결국 세수만 늘린 게 아니냐는 비판도 있습니다.

—〈SBS 뉴스〉(2015. 12. 28)

정책집행은 정책의 끝이 아니다. 지속적 평가를 통해 문제점을 개선하고 보완해 나가는 노력이 필요하다.

2) 저출산 문제

1990년대부터 나타난 저출산 문제는 심각성이 더 커졌다. 경제성장을 위협하는 수준에 이르렀다. 이 리포트는 전문가의 인터뷰를 통해 여성육아에 대한 집중투자를 촉구했다.

리포트 10년 뒤, 우리 사회의 가장 큰 고민은 무엇일까. 전문가와 대학생들이 가장 먼저 꼽은 것은 바로 '저출산과 초고령화 사회'입니다. 지난해 한국의 출산율은 1.2명으로 OECD 국가 가운데 최하위권을 기록했습니다. 반면, 우리나라의 고령인구 비중은 1960년 152위에서

2015년 51위로 높아졌고 2060년에는 세계에서 두 번째로 고령인구가 많아질 전망입니다. 경제성장에도 경고등이 켜졌습니다.

인터뷰〔이진영(한국경제 연구원)〕생산가능 인구의 감소는 노동력 감소로 이어지고 노동력 감소는 우리나라 잠재성장률을 떨어뜨릴 수 있으므로….

리포트 이에 따라 전문가들은 경제활동 인구를 늘리기 위해 출산율을 높여야 한다고 말합니다. 우선 여성들의 사회진출을 막는 양육문제 해결이 선결과제입니다.

인터뷰〔한준(연세대 사회학과 교수)〕육아가 만족스러운 선택이 될 수 있도록 사회가 배려해 줄 필요가 있고요. 그러려면 육아문제를 해결할 수 있는 많은 고민과 지금보다 훨씬 더 과감한 투자가 필요하다고 생각합니다.

리포트 광복 70주년을 맞은 대한민국. 빠르게 식어가는 성장엔진을 다시 점화하기 위해선 저출산과 고령화문제 해결이 반드시 필요하다고 전문가들은 입을 모읍니다.

— 〈YTN 뉴스〉(2015. 8. 14)

저출산에는 육아, 교육, 주택, 결혼관의 변화 등 여러 요인이 복합적으로 얽혀 있다. 저출산은 육아지원만으로 해결하기 어려운 난제이다. 지속적 관심과 심층적 연구가 필요한 과제이다.

7. 위기관리

한국사회에는 주기적으로 어려움이 찾아온다. 대형사건·사고, 전염병, 정치적 스캔들이 사회를 뒤흔든다. 문제해결에 실패하면 갈등이 커지고 위기가 발생한다. 최순실 게이트 사태 때 청와대는 문제를 축소, 은폐함으로써 위기를 자초했다. OECD가 2013년에 내놓은 〈전략적 위기관리〉(*Strategic Crisis Management*) 보고서는 위기관리에 참고가 될 수 있다. 2000년 이후부터 전 세계에서는 9·11 테러를 비롯해 사스, 쓰나미, 허리케인 카트리나, 아이슬란드 화산분출, 일본 동북지방 대지진 등 새로운 유형의 대형 재난사고가 줄을 이었다. OECD는 새로운 위기에 효과적으로 대응하기 위해서는 새로운 준비가 필요하다고 권고했다.

1) 위기준비 단계

위기준비 단계(*preparedness phase*)는 위기징후를 파악하고 위기에 대비하는 단계이다. 시나리오로는 한계가 있다. 더욱 광범위한 민간 네트워크의 활용이 바람직하다.

2) 대응 단계

이 보고서는 위기가 닥쳤을 때는 지휘, 통제보다 민간전문가를 활용해 유연하게 대처해야 한다고 권고했다. 정치지도자는 대응단계(*response phase*)에서 국민에게 정확한 정보를 전달하고 설득력 있는 의미 (*meaning-making*) 를 전달해야 한다고 지적했다. OECD는 정부의 유연한 대응과 민간 네트워크 활용, 정치지도자의 역할을 강조했다. 흔히 "위기는 항상 사전에 신호를 보낸다"고 말한다. 위기징후를 미리 포착해 사전에 위기를 예방하는 혜안이 필요하다.

연습문제

1. 한국의 출산율은 OECD국가 가운데 하위권에 속한다. 출산율을 높이기 위한 문제해결책에 관해 여러 대안을 토론해 보자.

2. 최근 10년간의 정부정책 가운데 성공한 정책, 실패한 정책은 무엇인지 3가지씩 꼽아보고 그 이유를 설명해 보자.

3. 공용자전거, 담장 허물어 주차공간 늘리기, 벽화마을 등 문제해결에 성공한 사례를 생활주변에서 찾아보자.

13장

리포트 구성: 전망

1. 전망에 대한 이해

IMF 외환위기 직전인 1997년 11월 하순, 많은 한국인은 불안과 절망에 빠졌다. 같은 시기 미국 샌프란시스코에서는 아시아 태평양 정보기술 정상회의(Asia-Pacific IT Summit)가 열렸다. 개막식 연사는 당시 인텔 회장 앤디 그로브(Andy Grove)가 맡았다. 그는 인터넷 상거래(*e-commerce*)의 밝은 미래를 전망했다. 앤디 그로브는 인터넷 상거래가 급속히 성장해 2000년대에 상거래혁명, 물류혁명이 일어날 것이라고 예상했다.

인터넷 상거래는 당시만 해도 생소한 용어였고 아주 먼 나라 이야기처럼 들렸다. 인터넷 상거래 뉴스는 IMF 외환위기에 묻혔다. 얼마 후 세계적으로 인터넷 상거래 붐이 일고 벤처기업 열풍이 불었다. 택배, 전자결제, 소비패턴에 엄청난 변화가 일어났다. 미국 상무부에 따르면 미국의 전자상거래는 2000년에서 2012년까지 8배가 늘었다.

〈표 13-1〉 보도내용에 따른 구성순서 변화

보도내용 구분	구성순서
정부정책 발표	문제해결 → 전망
미래 예상되는 문제	전망 → 문제해결

그리스신화에 나오는 프로메테우스(Prometheus)는 제우스에게서 불을 훔쳐 인류에게 주고 독수리에게 간을 쪼이는 형벌을 받는다. 프로메테우스는 선각자(先覺者), 앞을 내다보는 존재라는 뜻이다. 동생 에피메테우스(Epimetheus)는 뒤에 생각하는 후각자(後覺者), 뒤늦게 후회하는 어리석은 존재이다. 현명한 사람은 앞을 내다보고 어리석은 사람은 과거를 되돌아보며 후회한다. 큰일을 겪은 후에 천재(天災)니, 인재(人災)니 뒤늦게 원인, 문제점을 찾고 대책을 세우는 사례를 보는 것은 안타까운 일이다.

뉴스에는 거의 매일 전망에 관한 이야기가 나온다. 경기회복 전망, 정치 전망, 미래기술 전망, 북한의 동향과 전망 등 기사 제목에서부터 전망이라는 단어를 쓴다. 전망은 앞을 내다보는 것을 뜻한다. 비슷한 말로는 예측이 있으며 주로 전문가들이 과학적 방법으로 미래를 추정하는 것을 말한다. 보통은 예측의 의미를 포함하는 전망이 더 폭넓게 쓸 수 있는 단어이다. 전망에 관한 내용은 리포트 후반부에 넣거나 별도의 리포트를 제작한다. 문제해결 블록과 전망 블록은 기사구성에 따라 〈표 13-1〉과 같이 순서가 바뀔 수 있다.

1) 전망의 유형

뉴스를 보면 미래를 전망할 때 쓰는 몇 가지 표현이 있다. 미래전망은 사실이 아니기 때문에 신중하게 접근해야 한다. 미래를 조심스럽게 전망하되 하나마나한 표현은 하지 않는 편이 낫다.

(1) 관심유도 전망
상황을 앞으로 주의 깊게 지켜봐야 한다는 뜻이다. 판단을 유보하는 표현이다.

- ~될지 주목됩니다.
- ~은 새로운 단계에 접어들었습니다.

(2) 조건부 전망
조건에 따라 결과가 달라질 수 있다는 뜻이다. 정확한 예측이 어려울 때 쓰는 표현이다.

- ~은 회의결과에 달려있습니다.

(3) 시나리오
2가지 시나리오를 놓고 가능성을 전망한다. 판단을 유보하는 자세이지만 시청자에게 친절하게 미래가능성을 설명한다.

- A일 경우 ~의 가능성이 높습니다.
- B일 경우 ~의 가능성이 높습니다.

(4) 근거 있는 전망

트렌드, 인과관계를 근거로 자체적으로 전망한다.

- ~을 볼 때 충돌가능성이 높습니다.
- 갈등이 예상됩니다.

(5) 정부, 전문가 예상

정부, 전문가의 예상을 인용한다.

- ~으로 정부는 내다봤습니다, ~기관은 예측했습니다.
- 전문가들의 예상은 엇갈립니다.

2) 전망, 예측 어떻게 하나

예측(*forecasting, prediction*)은 날씨, 교통, 물가, 주식, 부동산, 경기 등 여러 분야에서 쓰인다. 오래전부터 사람들은 미래를 예측하기 위해 많은 노력을 기울였다. 내일 비가 올지, 맑을지 같은 자연현상은 비교적 정확하게 예측할 수 있게 됐다. 경제, 경영, 기술 분야의 예측도 예측기법의 발전으로 정확도가 높아졌다.

(1) 시계열 예측

시계열 예측(*time series prediction*)은 과거와 현재자료를 토대로 미래를 예측하는 것을 말한다. 주가, 환율, 경제지표, 기업의 재무제표의 경우 3개월 내지 2년을 예측단위로 한다.

(2) 인과관계

인과관계를 알면 전망이 보인다. 인과관계를 분석하는 목적 가운데 하나가 미래를 예측하기 위해서이다. 여름이면 태평양에서 태풍이 발생한다. 기상청은 기압의 움직임을 보고 태풍의 진로를 예측한다. 가뭄, 홍수가 나면 농산물값이 올라가고 폭염이 계속되면 전력 소비가 급증한다. 인과관계는 미래를 예측하는 비밀이다. 경제, 경영 분야는 예측이 발달한 분야이다. 경제 연구기관은 계량경제 모델을 이용해 경제를 예측한다. 한국은행은 1998년 이후 자체모델을 개발해 2년 앞의 경제성장률, 소비자물가, 정책금리, 경상수지를 예측하는 작업을 계속한다.

(3) 시나리오에 의한 미래예측

여러 가지 가정을 세우고 장기적으로 미래를 예측하는 방법이다. 보통 10년 내지 15년을 예측단위로 한다. 관련연구(최항섭·강홍렬·장종인·음수연, 2005)에서는 대표적 미래예측 시나리오기법으로 스웨덴 카이로스 미래연구소(Kairos Future)에서 개발한 TAIDA를 소개한다.

① 추적(tracking) : 미래에 영향을 줄 미시, 거시적 트렌드를 추적한다.
② 분석(analyzing) : 미래의 트렌드에 기초해 여러 가지 시나리오를 제작한다.
③ 전망(imaging) : 도출된 시나리오를 바탕으로 하여 밝은 미래비전을 정한다.
④ 결정(deciding) : 시나리오를 실현하기 위한 전략을 내놓는다.
⑤ 행동(acting) : 전략실천을 위한 로드맵(road map)을 제시한다.

이 기법은 지역이나 기업의 미래뿐만 아니라 국가의 미래를 전망하는 대규모 프로젝트에 활용된다. 최근의 트렌드는 TAIDA 모델과 같이 미래를 예측하는 데 그치지 않고 이를 기반으로 미래계획을 세우는 예지 *(foresight)* 를 강조한다.

2. 전망 사례

1) 전력수요 전망

2016년 여름은 1994년 이후 가장 무더웠다. 폭염이 계속되면서 전력소비가 늘었다. 날씨와 전력소비 사이에는 뚜렷한 인과관계가 있다. 해마다 여름철이면 정부는 전력수요 전망과 비상대책을 내놓는다. 산업통상자원부는 7월 중순에 전력 비상대책을 내놨다. 이 리포

〈그림 13-1〉 전력수요 전망 보도화면

트는 비상대책 발표 전후의 전력사정을 알려주고 향후 비상상황이 올 수 있음을 경고한다.

앵커 멘트 30도를 훌쩍 넘는 더위에 냉방기 가동이 급증하자 전력수급에 비상이 걸렸습니다. 김종성 기자가 보도합니다.

리포트 지난 11일 오후 3시 전력수요가 7,820만 ㎾에 달하며 종전 역대 여름철 최고기록을 갈아 치웠습니다. 당시 전력예비율이 9.3%까지 내려가 발전소 몇 곳이 고장이라도 났다면 블랙아웃, 대규모 정전 사태가 일어날 수 있었습니다.

이에 정부는 12달 중 기온이 가장 높은 8월 전력수요에 대비하기 위해 전력수급대책을 내놓고 비상상황에 대처하기로 했습니다. 올해 여름 최대 전력수요는 이상기온으로 사상 첫 8천만 ㎾를 넘어 8,370만 ㎾까지도 오를 수 있을 것으로 예상됩니다. 전력수요가 가장 많을 것으로 꼽히는 기간은 8월 2~3주, 시간은 오후 2~4시로 예상됩니다. 정부는 이 기간 화력발전소 18곳의 출력을 늘리고 시범가동 중인 발전소의 전력을 활용해 공급량을 늘릴 계획입니다.

—〈연합뉴스 TV〉(2016. 7. 13)

정부의 예상을 넘어 8월 8일에는 순간전력 수요가 8,420만 ㎾를 기록했다. 전력수급 비상경보 직전까지 갔다. 그나마 대책을 세웠기에 대규모 정전의 위기를 넘길 수 있었다.

2) 부동산 전망

직장생활에서 은퇴하는 대부분의 사람은 수입이 줄어들기 때문에 빚을 청산하고 집을 줄이는 경향을 보인다. 한국은행은 베이비붐 세대의 은퇴가 늘어나면서 부동산가격이 하향세를 보일 것이라고 전망했다. 이 리포트는 한국은행의 금융자산 분석을 인용해 부동산 가격을 전망했다.

앵커 멘트 1955년에서 1963년까지 태어난 세대를 베이비부머라고 하지요? 한국은행이 이 세대들의 재산구성을 분석해 봤더니 앞으로 은퇴하면 빚을 갚기 위해서 집을 내놓을 것이라는 결론이 나왔습니다. 이호건 기자가 자세한 내용을 전하겠습니다.

리포트 60살 김 모 씨는 최근 106㎡짜리 아파트를 팔았습니다. 대신 82㎡짜리 작은 빌라로 이사 갈 계획입니다. 딸을 시집보내 큰 집이 필요 없는 데다 기존에 받은 대출을 갚아야 했기 때문입니다. … 한국은행 조사결과 55세부터 74세 국내 가구는 전체 재산 중 부동산 같은 실물자산 비중이 80%에 달했습니다. 문제는 부동산을 뺀 금융자산보다 빚이 더 많아 소득이 적은 노년엔 결국 부동산을 팔아 빚을 갚는 것으로 나타났습니다. 노년층이 빚을 갚기 위해 계속 집을 내놓지만, 이를 살 핵심 수요층인 35세부터 59세까지 인구는 2018년 이후 감소세로 전환될 것으로 추정됐습니다.

인터뷰 〔조정환(한국은행 금융투자감독국장)〕 주택매각이 집중되면서 최근 부동산경기 둔화 우려와 맞물릴 경우 리스크(위험요인)가 있을 수 있겠습니다.

— 〈SBS 뉴스〉(2015. 12. 22)

이 리포트의 예상과는 달리 2016년의 수도권 부동산가격은 금리 인하의 여파로 오히려 상승했다. 당시의 상황을 전제로 하기 때문에 예측은 틀릴 수 있다. 한국은행이 금리인하를 단행하거나 정부가 새로운 경제정책을 시행하면 전제조건이 달라지고 결과도 달라진다. 틀릴 위험성이 있음에도 불구하고 전망하는 것은 전망을 하지 않는 것보다 낫기 때문이다.

3) 인구 전망

인구는 장기적 미래예측이 가능하다. 출생률, 사망률이 크게 변하지 않기 때문이다. 통계청(2011)이 발표한 향후 50년간 인구추이 예측자료에 따르면 한국의 전체인구는 2011년 5천만 명에서 2030년 5,216만 명까지 늘어난 뒤 2060년에는 4,396만 명으로 줄어들 것으

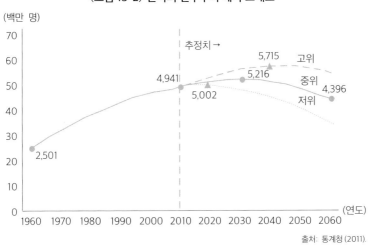

〈그림 13-2〉 한국의 인구추이 예측 그래프

출처: 통계청(2011).

<그림 13-3> 인구감소 예측 보도화면

로 예측됐다.

　인구감소 예측은 한국사회에 어두운 그림자를 드리운다. 장기예측이기 때문에 사전에 위험에 대비할 시간을 줄 뿐이다. 통계청의 예측은 현실로 나타났다. 통계청이 인구추이를 예측한 지 5년 뒤인 2016년, 리포트는 '인구절벽'이 초등학교에서 고등학교로 이어진다고 보도했다. 고등학교 다음에는 대학에서 심각한 문제가 나타날 것이라고 전망했다.

　앵커 멘트 학창시절 '콩나물 교실'에 익숙했던 중장년층, 요즘 초등학교나 중학교 교실모습 보면 낯설 겁니다. 학생 수가 부쩍 줄어든 건데, 앞으로는 고등학교에서도 학생 수 급감현상이 본격화한다고 합니다. 보도에 윤지현 기자입니다.
　리포트 올해 서울시내 한 초등학교 입학식. 입학생은 40명 남짓, 학급 수도 두 개 반이 전부입니다. 초등학교에서 시작된 '인구절벽' 현상은 중학교를 거쳐 이제 고등학교에 이르렀습니다. 교육부에 따르면 올해 전국 고등학교 입학생 수는 59만 6천여 명. 이 숫자가 내후년에는 46

만 3천 명까지, 13만 명 넘게 줄어들 전망입니다. 교육당국은 일찌감
치 대학들 '몸집 줄이기'에 비상이 걸렸습니다. 현재 전국 4년제 대학
과 전문대 정원은 56만 명 수준. 이대로라면 신입생 미충원으로 대학
재정 악화와 교육부실화가 이어질 수 있기 때문입니다.
인터뷰〔백성기(대학구조개혁위원회 위원장)〕최근 대학 진학률인
70%를 적용할 때 현재의 대학 입학정원을 절반으로 줄여야 하는 상황
을 맞게 될 수도 있습니다.

—〈연합뉴스 TV〉(2016. 4. 3)

3. 10년 후의 미래

10년 후의 한국사회는 어떻게 될 것인가? 미래창조과학부에서는
2015년, 학계와 연구계, 대학생 설문조사와 네트워크 분석을 통해
앞으로 10년간 한국사회가 해결해야 할 10대 이슈를 선정했다.

- 저출산, 고령화사회
- 불평등 문제
- 미래세대 삶의 불안정
- 고용불안
- 국가 간 환경영향 증대
- 사이버 범죄
- 에너지, 자원 고갈
- 북한과 안보, 통일문제
- 기후변화, 자연재해

미래창조과학부가 예측한 10년 후의 한국사회는 우울한 모습이

다. 저성장, 저출산, 고령화, 소득 불평등, 고용불안, 북한문제 등 난제가 앞으로도 지속될 것이라는 전망이다. 2011년 이후 한국경제는 3% 내외의 낮은 성장률이 계속된다. 이미 3%의 성장률이 정상 수치인 낮은 성장률의 사회, '뉴 노멀(*New Normal*) 사회'에 들어섰다는 분석도 나온다.

앞날을 내다보고 미리 대응하지 않으면 우리의 미래도 어두워진다. 지금 한국사회와 언론에 필요한 것은 앞을 보고 미래를 밝히는 프로메테우스의 지혜이다.

연습문제

1. 한국경제는 2011년 이후 2016년까지 3% 내외의 낮은 성장률을 보였다. 앞으로 낮은 성장률이 계속된다면 한국사회에 어떤 영향을 줄 것으로 예상되는지 서술해 보자.

2. 2016년 3월 인공지능 알파고와 프로바둑기사 이세돌의 바둑 대국은 전 세계적 관심을 모았다. 인공지능이 계속 발전한다면 어디까지 갈지 알 수 없는 일이다. 인공지능으로 변화할 미래상에 대해 토론해 보자.

14장

리포트의 구성

1. 실태와 원인 리포트

지금까지는 TV뉴스 리포트를 구성하는 실태-원인-문제점-문제해결-전망의 5개 요소에 대해 알아보았다. 이제부터는 이 구성요소를 결합한 몇 개의 리포트 사례를 살펴본다. 우선 실태와 원인 리포트에 대해 알아보자. 원인이 있으면 반드시 결과가 있다. 시간순서로는 원인이 먼저이고 결과가 나중이다. 그러나 뉴스리포트를 구성할 때는 그 반대이다. 새로운 뉴스, 실태를 먼저 보여주고 원인을 찾는다.

1) 영종대교 105중 추돌사고의 원인

2015년 2월 11일 아침 9시 30분이 넘은 시각, 영종도 인천공항과 육지를 잇는 영종대교는 희뿌연 안개에 뒤덮였다. 해는 떠올랐지만 바다에서 올라오는 안개에 가려 10미터 앞이 보이지 않았다. 얼마

〈그림 14-1〉 영종대교 105중 추돌사고 보도화면

후 안개 속에서 '쿵' 하는 파열음과 함께 여기저기서 자동차 부딪히는 소리와 비명이 잇달아 들려왔다. 100여 대의 자동차가 뒤엉켜 영종대교는 아수라장이 됐다. 추돌사고는 1.3킬로미터에 걸쳐 일어났다. 2명 사망, 65명 중경상. 105중 추돌사고는 사상 최악의 연쇄 추돌사고로 기록됐다.

그날 TV뉴스는 영종대교 사고를 톱뉴스로 다뤘다. 첫 번째 아이템은 사고내용을 종합하여 다루고 두 번째 아이템은 사고 재구성을 통해 사고원인을 조명했다. 사고 당시의 영종대교의 안개실태와 첫 번째 추돌, 연쇄추돌 사고과정을 시간순서에 따라 기사로 썼다. 당시 관련보도를 확인해보자.

리포트 사고가 나기 15분 전, 영종대교는 뿌연 안개가 깔려있습니다.
비상등을 켠 승용차가 안개에 가린 채 시야에서 사라집니다.
인터뷰〔윤소희 (버스 운전자)〕 "아예 앞이 안보였어요. 안개 때문에 아예 앞이 안보였어요."

리포트 오전 9시 45분, 영종대교 서울방향 14킬로미터 지점. 1차로를 달리던 택시가 앞서가던 택시를 들이받습니다. 이 충격으로 튕겨 나간 택시는 2차로를 달리던 공항버스와 다시 부딪힙니다. 안개 탓에 사고가 난 줄 모르고 달리다 미처 피하지 못한 차들이 속출했습니다.

인터뷰 〔류혜영(버스 운전자)〕 (차들이) 계속 밀고 오는 거예요, 뒤에서부터 계속. 무서워서 손님들 밖으로 나오고 난리가 났어요.

리포트 뒤따르던 차량들이 사고현장을 보지 못하면서 105중 연쇄추돌 사고가 난 겁니다.

—〈MBC 뉴스〉(2015. 2. 11)

이 리포트는 첫 번째 사고가 발생하기 15분 전의 상황에서부터 리포트를 시작했다. 연쇄추돌사고가 일어난 원인을 보여줌으로써 사고의 진상을 쉽게 이해할 수 있게 구성했다.

2) 커피값이 비싼 이유는?

실태-원인 구성은 우리 주변의 사회현상을 다룰 때도 쓰인다. 다른 예시로 비싼 커피값과 음식값을 보도한 리포트를 살펴보자.

앵커 멘트 점심 후면 커피 한 잔씩 먹는 게 이제 일상이 됐죠. 그런데, 한국의 아메리카노 커피가격은 4천 1백 원으로 세계에서 세 번째로 비쌌습니다. 한승연 기자가 상권마다 천차만별인 제품가격과 임대료의 관계에 대해 취재했습니다.

리포트 세계 최고의 서비스를 자랑하는 인천국제공항. 그러나 식당가의 음식가격은 비싸기로 유명합니다. 삼계탕은 1만 6천 원, 김치찌개는 9천 5백 원으로 서울시내 평균보다 각각 5천 6백 원과 4천 원이 비쌉니다.

인터뷰〔최미경(공항이용객)〕 매번 이용하게 되는데 항상 가격이 높아서 약간 부담스럽다는 생각을 늘 해요.

리포트 이렇게 음식값이 비싼 것은 높은 임대료 때문. 인천공항의 상가 임대료는 1㎡에 평균 3백만 원으로 서울에서 제일 비싼 명동 상권의 11배에 이릅니다. 심지어 1년에 190억여 원을 임대료로 내는 식당도 있습니다.

녹취〔식당 관계자(음성변조)〕 임대료가 재계약할 때마다 인상요구가 있어서 상당히 부담스럽습니다. 가격을 제품에 반영 안 할 수도 없고….

리포트 같은 서울시내라고 해도 상가 임대료에 따라 외식비 물가도 차이가 납니다.

— 〈KBS 뉴스 9〉(2015. 10. 19)

이 리포트는 커피값과 음식값 실태를 알아본 뒤 원인을 분석했다. 음식값이 비싼 지역의 상가 임대료를 다른 지역 임대료와 비교했다. 비교를 통해 임대료가 음식값에 절대적 영향을 준다는 것을 실증적으로 보여준다.

2. 문제해결형

문제해결형(실태-원인-문제해결)은 리포트 제작 시 가장 많이 쓰는 구성유형 중 하나이다. 리포트를 제작하려면 먼저 리포트의 큰 그림을 구상하고 이에 맞춰 정보와 자료를 수집한다. 대형터널 사고 리포트를 예로 들 경우, 앞부분에 현장화면을 입수해 터널 교통

〈그림 14-2〉터널사고 원인분석 보도화면

사고 사례를 보여준다. 이어서 교통전문가의 자문을 받아 사고원
인, 문제해결 방안을 찾는다. 실제 사고기사를 통해 문제해결형 구
성을 확인해 보자.

앵커 멘트 최근 대형 터널사고가 잇따르고 있죠. 매년 고속도로 교통사
고는 줄지만, 터널사고는 반대로 늘고 있습니다. 전준홍 기자입니다.
리포트 터널 안을 달리던 탱크로리 차량. 앞차와 거리가 갑자기 좁혀
지자, 황급히 피하려다 터널 벽을 들이받습니다. 정체가 발생한 터널
안에서 화물차가 급하게 차선을 바꾸려다 벽에 부딪히고 불길에 휩싸
입니다. 터널에서 급정거를 하는 차량들. 결국, 버스와 승용차의 연
쇄추돌로 이어집니다. 모두 터널 안에서 빨리 달리다 속도를 제때 줄
이지 못해 일어난 사고입니다.
측정결과 고속도로 터널 입구에 들어서는 차량의 속도는 평균시속
80, 90킬로미터 수준이지만, 통과해 나올 때는 시속 100킬로미터대로
올라갑니다. 뻥 뚫린 터널에선 자신도 모르게 속도가 올라가는 겁니
다. 특히, 시야가 밝아지거나 어두워지는 터널 출입구에서는 차량속

도가 줄어드는 경우가 많아 돌발정체가 벌어지고 사고위험도 높아집니다.

인터뷰〔조수영(한국도로공사 차장)〕터널 내부가 단조롭기 때문에 운전자가 속도감을 못 느낍니다. 폐쇄된 공간을 빨리 벗어나고 싶은 운전자의 심리적 요인 때문에 가속페달을 밟다가….

리포트 새로 건설되는 터널이 늘면서 터널 안 사고도 해마다 증가하는 추세. 전문가들은 터널에선 속도를 10%가량 줄이고 안전거리를 길게 확보하면서 차로를 변경하지 말아야 한다고 조언합니다.

― 〈MBC 뉴스〉(2016. 9. 12)

이 리포트는 실태, 원인, 문제해결 블록으로 구성된다.

• 실태: 터널 내부 CCTV화면을 이용해 교통사고 사례를 제시.
• 원인: 터널 안에서 교통사고가 일어나는 원인을 자세히 분석.
  ① 터널 안에서 일반적으로 자동차 속도가 높아진다.
  ② 터널을 들어갈 때와 빠져나갈 때 자동차 속도가 낮아진다. 출입구에서 사고가 잦다.
• 문제해결: 터널사고 예방을 위한 대비책 제시.
  ① 터널 안에서 속도 10% 줄이기
  ② 안전거리 길게 유지
  ③ 차로변경 자제하기

3. 심층보도

정부와 지방자치단체는 지난 10년 동안 수도권 매연을 줄이기 위해 1조 3천억 원을 들여 경유차량에 매연 저감장치를 설치했다. 그러나 운전자들이 저감장치를 고의로 훼손하는 사례가 늘어나면서 예산낭비의 우려가 높아졌다.

앵커 멘트 자동차 엔진과 배기구 사이에는 'DPF'라고 불리는 이런 매연 저감장치가 있습니다. 그런데 최근, 고의로 이 장치를 훼손시킨 채 다니는 차량들이 적발되었습니다. 이덕영 기자가 취재했습니다.

리포트 경유버스 1백여 대를 운행 중인 경기도 수원의 한 버스회사에 경찰이 불시에 '매연저감장치', DPF 점검에 나섰습니다.

녹취 〔경찰〕 불법으로 개조해서 차량을 운행한다는 제보가 들어왔습니다.

녹취 〔버스회사〕 우리가요? 그건 개조를 할 수가 없는데….

리포트 버스 뒤편 엔진룸 옆문을 열고 DPF를 분해해 봤습니다. 모두 4개의 필터가 있어야 하는데, 그중 2개가 온데간데없습니다. 버스회사는 그제서야 불법개조 사실을 실토합니다.

녹취 〔버스회사〕 이게 출력이 안 나와서 그래요. 원체 (출력이) 안 나와서…. 저희가 이렇게 했으면 다른 회사도….

리포트 왜 경유차 운전자들이 이런 불법훼손의 유혹에 노출되는 걸까. 이 장치를 달면 연비가 3~4%가량 떨어지는 것을 감수해야 하는데, 때로는 매연이 줄어들지 않는 경우도 있다는 것이 운전자들의 항변입니다.

녹취 〔경유차 운전자〕 엔진이 출력이 좀 낮다고 말씀드려야 하나요. (주행 중에는) 매연이 뒤로 막 뿜어져 나가거든요.

리포트 장치가 제대로 작동하지 않아도 일반 정비소가 아닌, 시도별로

2~3군데밖에 없는 제조사 지정정비소에서만 수리가 가능해 수리를 받으러 가기도 힘듭니다.

인터뷰 〔김성수(이사업체 대표)〕 차량운행을 하루라도 멈추면 타격이 오는데 그걸 군이 물어 물어서 거기까지 가서 돈 내고 하겠느냐고….

리포트 그래서 정기검사를 받을 때에만 멀쩡한 매연저감장치를 장착했다가 검사에 통과하면 훼손된 장치로 갈아 끼우는 꼼수가 횡행하고 있습니다.

녹취 〔이사업체〕 연장만 있으면요, 볼트만 몇 개 풀면 되니까.

녹취 〔수원시청〕 원래 차에 달려서 나온 건데 그걸 어떻게 확인해서 저희 쪽에서 제재할 수 있는 방법이 있는 것도 아니고….

리포트 정부와 지자체가 지난 10년간 수도권 지역 경유차 82만 대에 매연저감장치를 장착하기 위해 쓴 돈은 1조 3천억 원. 내년부터 매연저감장치가 없는 차량은 수도권에 들어올 수 없는 강력한 차단조치까지 시행되지만, 그전에 이런 꼼수에 대한 관리가 필요할 것으로 보입니다.

—〈MBC 뉴스〉(2016. 8. 23)

이 리포트는 심층보도 구성으로 매연저감장치를 훼손하는 실태와 저감장치를 훼손하는 원인, 근본원인, 대책을 심층적으로 다뤘다. 리포트를 구성하는 각 블록의 내용은 다음과 같이 정리된다.

- 실태: 매연저감장치 단속현장에 동행해 훼손사례를 보여준다.
- 원인: 연비 떨어지고 자동차 출력이 떨어져 운전기사와 운수업체들이 기피한다.
- 문제점(근본원인): 고장났을 때 수리하기 어렵고 행정단속 미흡하다. 1조 3천억 원의 예산낭비가 우려된다.
- 문제해결: 내년부터 매연저감장치 없는 차량에 대해 강력히 단속할 예정이다.

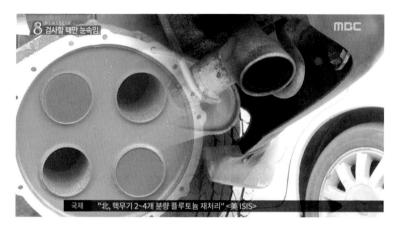

　이 리포트는 3분 길이의 심층보도이다. 실태를 찾아내는 것은 가
장 어려운 부분이다. 기자가 독자적으로 버스 내부를 열어 문제를 고
발하기는 거의 불가능하므로 여기서는 경찰의 버스회사 단속현장을
동행취재해 저감장치 훼손실태를 보도했다. 심층보도와 일반 리포
트의 차이점은 문제점 블록의 포함 여부이다. 일반 리포트가 원인분
석에 그치는 반면 심층보도는 근본원인까지 깊이 있게 취재한다. 전
망은 기사내용에 따라 들어가기도 하고 빠지기도 한다.

　심층보도를 하려면 리포트 길이가 2분 이상은 되어야 한다. 그러
나 한국의 TV뉴스는 리포트 길이가 대체로 짧은 편이다. 한국콘텐
츠진흥원의 분석(윤호진, 2011)에 따르면 한국 TV뉴스의 평균 리포
트 길이는 90초 내외로 영국의 BBC, 일본 NHK보다 훨씬 짧은 것
으로 조사됐다. 리포트 길이가 짧다는 것은 뉴스의 가짓수는 많은
데 개별 리포트의 정보량은 떨어진다는 의미이다. 언론학자들은
"한국의 TV뉴스는 왜 심층취재보다는 리포트 숫자를 더 중요하게

생각하느냐"고 의문을 제기하고 심층보도를 늘려야 한다고 지적한
다. 디지털 뉴스의 확산에 따라 사실정보는 이미 알려졌기 때문에
문제를 심층적으로 분석하고 해석하는 뉴스의 중요성이 커진다.

〈표 14-1〉 TV뉴스 리포트 평균 길이 비교

방송사	한국	NBC	BBC	NHK
리포트 길이(초)	89~91	111	133	255

출처: 윤호진 (2011).

연습문제

1. 통계청은 2016년 평균 청년(15~29세)실업률이 9.8%로 높아졌다고 밝혔다.
   이 통계자료를 가지고 청년실업에 관한 리포트를 제작해 보자. 청년실업 실태
   와 원인, 근본원인, 문제해결의 순서로 구성하고 실태를 전할 때는 청년실업
   문제를 실감할 수 있는 현장이나 사례를 취재하여 리포트 기사를 작성해 보자.

2. 세월호 침몰사고를 실태, 원인, 근본원인, 문제해결, 전망의 순서로 재구성해
   보자.

제 5 부

TV 뉴스 제작과 방송

15장

인터뷰

TV뉴스 리포트는 영상과 음성의 결합으로 만들어진다. 리포트 제작을 위해서는 기사를 쓰는 일 외에 인터뷰, 스탠드 업, 영상촬영, 영상편집, 방송과정이 필요하다. 5부에서는 TV뉴스를 구성하는 각 요소에 대해 차례대로 분석해 볼 것이다. 먼저 인터뷰에 대해 알아보자.

2014년 12월 5일 대한항공 회항사건은 큰 파문을 일으켰다. 땅콩서비스 때문에 여객기 이륙을 늦추고 사무장을 강제로 내리게 한 대한항공 부사장에게 거센 비난이 쏟아졌다. 국토교통부는 위법여부를 파악하겠다며 조사에 들어갔다. 박창진 사무장 등 승무원들은 국토부 조사에서 "조현아 부사장의 욕설이나 폭력은 없었다"고 진술했다. 당시 조사실에는 승무원의 상사인 객실담당 상무가 앉아있었다.

박창진 사무장은 며칠 뒤 TV 인터뷰에서 "조현아 부사장이 욕설을 했고 파일을 집어던져 손등에 맞았다. 대한항공으로부터 거짓진술을 강요받았다"고 폭로했다. 이 인터뷰는 사회를 다시 한 번 뒤집

221

어놓았다. 거짓진술 사건은 조현아 부사장과 담당 상무의 구속, 국토교통부 조사관에 대한 특별감사로 이어졌다. 한 건의 인터뷰는 수십 건의 기사보다 큰 위력을 발휘한다.

인터뷰는 짧은 만남, 대화를 의미한다. 인터뷰는 뉴스인터뷰 이외에도 직원채용, 수사, 의사진단, 학술조사 등 광범위한 분야에 쓰인다. 할러(Haller, 2001/2008)는 자신의 저서 《인터뷰: 저널리스트를 위한 핸드북》(Das Interview: Ein Handbuch für Journalisten)에서 "뉴스인터뷰는 일반에게 공개할 목적으로 기자와 인물 사이에 이뤄진 시사적 문제에 대한 대화"라고 정의했다. 연설이나 강연, 보도자료는 취재원이 주도하는 반면, 인터뷰는 기자가 주도한다. 기자는 인터뷰에서 취재원을 상대로 적극적으로 질문해 기사작성에 필요한 정보를 얻는다.

1. 인터뷰의 유형

1) 뉴스인터뷰

뉴스인터뷰(news interview)의 첫째 목적은 정보를 얻는 일이다. 기자가 화재나 사건현장에 도착해 하는 일은 소방관, 경찰관계자와의 인터뷰이다. 인터뷰를 통해 사건이 언제 어디서 어떻게 일어났고 인명, 재산피해는 얼마인지 등의 사실정보를 취재한다. 사건을 처음 신고한 사람, 목격자, 피해자를 찾아 인터뷰를 한다. 기자는 인터뷰를 통해 사실을 확인하고 진상을 파악한다.

〈그림 15-1〉 경주 지진 이후 인터뷰 보도화면

목격자의 인터뷰는 자신이 체험한 일이라 직접적이고 현장감이 있다. 경주에 규모 5. 8의 지진이 강타하자, 사람들은 놀라 집 밖으로 뛰쳐나왔다. 한 편의점 직원의 인터뷰이다.

인터뷰〔김영은(편의점 직원)〕 벽하고 막 흔들렸고요. 물건도 막 떨어 졌었고… 밖에 사람들이 소리를 지르면서 뛰쳐나가기도 했어요.
— 〈MBC 뉴스데스크〉(2016. 9. 13)

목격자들은 인터뷰를 하면서 흥분과 감정을 표출한다. 때로 횡설 수설하기도 하지만 그들의 말속에 진실이 숨어있다.

정치인, 정부 고위관리, 기업인의 인터뷰는 뉴스성이 높다. 뉴스의 배경설명을 듣거나 새로운 뉴스정보를 얻으려면 사전에 인터뷰 대상에 대한 치밀한 연구와 준비가 필요하다. 전문가는 전문지식과 아이디어를 가졌다. 전문가와의 만남은 인터뷰와 함께 전문분야에 대한 배경지식을 얻을 수 있는 좋은 기회이기도 하다. 새로운 정책이 발표되거나 대형사건이 발생했을 때 거리에 나가 시민을 인터뷰한다. 시민 인터뷰에서는 보통사람이 가지는 생각과 느낌, 밑바닥 여론의 흐름을 읽을 수 있다.

2) 인물인터뷰

인물인터뷰(*profile*)는 한 사람의 삶과 생각을 조명하는 인터뷰이다. 인터뷰를 통해 주인공은 자신이 어떻게 살았고 무엇을 생각하고 어떻게 살아갈지를 이야기한다. 뉴스의 인물 스토리, 다큐멘터리에서 볼 수 있는 형식이다. 유명인이나 역경 속에서 성공을 거둔 사람, 이웃을 위해 봉사하는 사람, 일상을 열심히 살아가는 보통 사람이 인터뷰 대상이다. 미국 컬럼비아대학 교수 스티븐 아이삭스 (Stephen Isaacs)는 "인물인터뷰는 출생, 성장, 교육, 직업, 일화와 사건, 인상적 발언, 기자의 관찰, 주변사람 이야기, 시사와 관련된 이야기로 구성된다"고 말했다.

2. 인터뷰의 진행과정

1) 인터뷰 준비

인터뷰는 섭외가 관건이다. 섭외할 때는 어떤 문제에 관해 인터뷰할 것인지 주제와 방송될 프로그램, 인터뷰 길이를 알려준다. 인터뷰 대상에게 자신의 입장이 공정하게 전달될 것이라는 믿음을 주는 것이 중요하다. 섭외의 성공여부가 여기서 갈린다. 인터뷰 대상을 일찍 섭외하는 것도 중요하다. 경쟁사보다 일찍 섭외해야 인터뷰에 성공할 수 있다. 좋은 인터뷰를 하려면 사전조사가 중요하다. 인터뷰 대상의 학력, 경력, 과거기사, 최근 발언을 조사한다. 질문내용과 관련된 자료를 찾아 질문을 준비한다. 시청자가 궁금해 하는 핵심문제를 질문한다.

2) 인터뷰 현장

TV카메라를 설치하고 조명을 켜면 인터뷰 대상자는 처음에 부담감을 느낀다. 안정을 찾을 수 있도록 가벼운 이야기부터 시작한다. 인터뷰 대상자의 말을 귀 기울여 듣고, 하고 싶은 말을 하도록 유도한다. "그런 것 아닌가요?"라는 닫힌 질문보다 "어떻게 생각하십니까?"라는 열린 질문이 바람직하다. 답변이 부족할 것에 대비해 1차

〈그림 15-2〉 인터뷰 중인 기자의 모습

질문을 한 뒤 2차 질문을 준비한다.

미국 나이트 재단(Knight International Press Fellowship, *n. d.*)은 인터넷상에 게시한 〈TV뉴스 방송인을 위한 핸드북〉(*Handbook for Television News Broadcasters*)을 통해 자세한 인터뷰 요령을 다음과 같이 소개한다.

- 일찍 도착하라.
- 인터뷰 대상자(*interviewee*)가 편안하게 이야기하게 하라.
- 준비를 철저히 하라.
- 인터뷰에서 무엇을 알고 싶은지 집중하라.
- 주도권을 가지라.
- 듣고 추가질문을 준비하라.
- 짧게 질문하라.
- 한 번에 하나의 토픽을 물어라.
- 질문도 녹음하라.

3. 리포트에 인터뷰 넣기

인터뷰를 한 뒤 리포트 중간에 인터뷰를 편집해 넣는다. 촬영한 영상 가운데 사람의 음성이 들어간 부분인 연설, 대화, 인터뷰를 사운드 바이트라 한다. 여기서는 실제 리포트를 통하여 인터뷰의 활용방법을 확인해본다.

1) 현장감을 높이는 인터뷰

사운드 바이트는 정보 전달뿐만 아니라 현장감을 높이는 역할을 한다. 기자 리포팅과 사운드 바이트를 적절하게 배치한 화재사건 리포트를 살펴보자.

앵커 멘트 사흘 전 의정부의 아파트에서 불이 나 4명이 숨지는 참사가 있었는데, 이번에는 의정부에서 멀지 않은 양주의 한 아파트에서 또 불이 나 20대 남매가 숨졌습니다. 잇따르는 아파트화재 과연 뭐가 문제일까요? 정윤식 기자입니다.

리포트 아파트 창밖으로 시뻘건 불길과 함께 연기가 마구 솟아나옵니다.

녹취 어머. 어머. 저거 많이 탄다.

리포트 경기도 양주의 한 아파트에서 불이 난 건 오늘(13일) 오전 10시쯤. 4층에서 시작된 불은 순식간에 집안을 모두 태웠습니다.

인터뷰〔이은순(아파트 주민)〕 갑자기 '펑' 소리가 나서 올라와 가지고 직원분이 위에 올라가서 대피하시라고 해가지고.

리포트 이 불로 동생 23살 황 모 씨가 목숨을 잃었고 누나 28살 황 씨는 병원에서 치료를 받다가 숨졌습니다. 연기가 위층으로까지 번져 아파트 주민 4명이 병원으로 옮겨졌습니다.

인터뷰〔연기 피해주민〕 계단이 하얀 연기로 꽉 차 있어서 혼자 탈출을 시도했는데 연기 때문에 소방관들이 오셔서 같이 마스크 쓰고 탈출했어요.

리포트 불은 동생 황 씨의 방에서 시작된 것으로 경찰은 추정하고 있습니다. 경찰은 집 안에서 난로용 등유가 불에 탄 흔적을 발견하고 국립과학수사연구원에 분석을 의뢰했습니다.

인터뷰〔경찰〕 집에 난로 때는 석유가 있었기 때문에 그게 타면서 녹아내리지 않았나, 그렇게 보는데 방화 가능성도 열어 두고 수사하고 있습니다.

리포트 낮 12시 반에는 남양주의 아파트 10층에서 불이 나 주민 20여 명이 옥상으로 한때 대피하기도 했습니다.

—⟨SBS 뉴스⟩ (2015. 1. 13)

⟨그림 15-3⟩ 양주 화재사건 보도화면

⟨표 15-1⟩ 화재 기사에 포함된 사운드 바이트

구분	상세 내용
사운드 바이트 ①	**"어머. 어머. 저거 많이 탄다."** 현장에서 들려오는 주민들의 현장음을 그대로 살렸다.
사운드 바이트 ②	**"갑자기 '펑' 소리가 나서 올라와 가지고…."** 현장에서 화재를 목격한 주민 인터뷰이다. 화재 초기 다급했던 화재현장의 상황을 전해준다.
사운드 바이트 ③	**"계단이 하얀 연기로 꽉 차 있어서…."** 연기에 질식돼 병원에서 치료를 받는 중인 피해자가 전하는 증언이다. 아파트에 가득 들어찬 연기 때문에 인명피해가 발생한 상황을 전해준다.
사운드 바이트 ④	**"집에 난로 때는 석유가 있었기 때문에."** 화재원인을 수사하는 경찰 인터뷰. 경찰의 화재원인 조사 방향을 알려준다.

이 리포트에는 4개의 사운드 바이트가 들어갔다. 정리하면 〈표 15-1〉과 같다. 주민 인터뷰는 화재사건 초기 주민 대피상황과 피해자의 목격담이다. 경찰 인터뷰는 화재원인 부분에 배치했다. 기자가 말로 설명하는 것보다 화재를 직접 체험한 목격자의 증언이 훨씬 생생하게 와 닿는다.

2) 감정을 전하는 인터뷰

기자가 감정에 휘말려 자기감정을 드러내는 것은 바람직하지 않다. 미국 포인터 미디어연구소의 톰킨스는 주관적 부분은 사운드 바이트(인터뷰)에 맡기고 기사는 객관적 사실과 구체적 내용을 전달하라고 조언했다.

> 리포트 서울중앙지법은 신현우 전 옥시 대표에게 징역 7년을, 가습기 살균제 자체브랜드 상품을 판매한 김원회 전 홈플러스 본부장은 징역 5년, 노병용 전 롯데마트 대표에게는 금고 4년을 선고했습니다. … 피해자들은 형량이 너무 낮다며 울분을 토했습니다.
> 인터뷰〔권미애(임성준 군 어머니)〕 앞으로 얼마나 더 몇 년을 이렇게 살아야 될지 모르는데 그 사람은 고작 7년 가지고 그 죗값을 받을 수 있을까요.
> ─〈KBS 뉴스〉(2017. 1. 6)

인터뷰와 현장음향은 현장 분위기와 사람의 감정을 전달할 수 있는 장치이다. 아들을 잃은 어머니의 슬픔과 재해로 살 터전을 잃은 사람의 절망, 올림픽에서 금메달을 목에 건 선수의 벅찬 감격을 말

로 표현하는 것은 어렵다. 감정이나 느낌, 생각은 사운드 바이트를
활용한다.

3) 전문가의 인터뷰

다음 예시는 전세가격이 올라 수도권 주민의 외곽 이주현상을 살펴
보는 데이터 저널리즘 리포트이다. 기자는 현상을 전하고 전문적
분석은 지리 전문가의 인터뷰로 처리했다.

  리포트 여기서 더 외곽으로 이주하는 사례도 적지 않습니다. 고양에서
  파주, 성남에서 광주, 구리에서 남양주로 빠져나갔습니다. 역시 평균
  전세가가 3/4 정도 낮은 곳으로 간 겁니다.

인터뷰〔최재헌(건국대 지리학과 교수)〕이 사람들이 외곽에 나갔다가 나중에 또 돈이 없어지면 더 외곽으로 나가겠죠. 거리에 따라서 체인 마이그레이션 현상, 연쇄사슬이 도시 안에 발생됩니다. 지속적으로 발생되는데….

리포트 긴 출퇴근 시간을 감수하면서, 옮겨가는 외곽지역도 대부분 전셋값이 매매가에 근접한 이른바 깡통전세 고위험군 단지입니다.

— 〈YTN 뉴스〉(2016. 3. 28)

전문가는 인터뷰를 통해 연쇄이주의 문제점을 지적한다. 연쇄이주는 농촌의 도시화를 가져오는 동시에 출퇴근 전쟁 등 새로운 사회문제를 일으킨다. 전문가의 인터뷰는 리포트에 깊이를 더하는 역할을 한다.

4. 인터뷰 대상자의 부인과 기만

인터뷰 대상자가 사실, 진실만 말하는 것은 아니다. 때로는 부인하고 때로는 잘못된 정보로 오도한다. 일부 취재원은 곤란한 상황에서 "아닙니다", "모릅니다", "말할 위치에 있지 않습니다"라며 인터뷰를 피해 사실확인을 어렵게 한다. 몰래카메라를 사용하는 경우도 있지만 윤리적 문제가 있어 사용을 엄격하게 제한한다. 기자는 치밀한 외곽취재로 사실과 증거를 수집하는 수밖에 없다. 일부는 잘못된 정보를 흘리거나 모호한 표현으로 기자를 현혹시킨다.

더블스피크(*doublespeak*)는 이중적 표현으로 본뜻을 미화하거나 은폐하는 것을 뜻하는 단어다. 더블스피크는 폭격을 '공중지원'으로, 원자로 폭발을 '에너지 방출', 고문을 '강화된 조사', 민간인 희생자를 '부수적 피해', 인종학살을 '인종청소'라고 미화한다. 미국의 언어학자 루츠(Lutz, 1996)는 저서 《새로운 더블스피크》(*The New Doublespeak*)에서 회피적, 기만적이고 사람을 오도하는 더블스피크가 언어를 부패시키고 파괴할 것이라고 경고했다. 기자는 냉철한 판단과 사실확인으로 부인과 기만의 덫을 피해가야 한다.

5. 사운드 바이트의 길이

한국 TV뉴스의 사운드 바이트는 일본, 영국 뉴스보다 짧은 편이다. 대부분 리포트 길이가 1분 30초 내외로 한정되어 기자는 가능한 한 사운드 바이트를 줄이는 경향을 보인다. 2011년 한국콘텐츠진흥원 분석(윤호진, 2011)에 따르면 한국 TV뉴스의 사운드 바이트 길이는 8초 내외로 조사됐다. 미국 NBC가 7.3초로 가장 짧았고 일본 NHK, 영국 BBC는 10초 이상이었다.

연구를 담당한 윤호진은 너무 짧은 사운드 바이트는 시청자의 이해를 어렵게 한다며 10초 이상은 안배해야 한다고 지적했다.

〈표 15-2〉 TV뉴스 사운드 바이트 평균길이 비교

방송사	한국	NBC	BBC	NHK
사운드 바이트 길이(초)	7.9~8.4	7.3	14.7	11.7

출처: 윤호진(2011).

1. 편의점, 카페 등에서 일하는 아르바이트 학생을 인터뷰해 아르바이트에서 느끼는 점, 현실적 문제 등을 알아보자.

2. 강의에 참석한 학생의 성장배경, 전공, 취미, 관심분야, 앞으로의 희망에 관해서로 인터뷰해 보자.

3. 인터뷰 대상자가 사실을 부인하거나 거짓말을 할 때 어떻게 대처해야 좋을지 생각해 보자.

16장

스탠드 업

TV뉴스 리포트에서 기자는 내레이터이다. 스탠드 업은 시청자에게 뉴스전달자를 등장시키는 장치이다. 앵커가 스튜디오에서 뉴스프로그램을 진행하듯 기자는 현장에서 뉴스를 전달한다. 기자가 경찰서 건물 앞에서 사건뉴스를 전하는 것보다 실제 사건이 일어난 현장에서 전하는 것이 훨씬 생생하게 다가온다.

〈그림 16-1〉 스탠드 업의 예시

스탠드 업 없이 폭설뉴스를 전하는 것은 현장감이 떨어진다. 폭설을 설명하는 데 적설량 수치를 나열하는 것보다 기자의 코트 위에 두껍게 내려앉은 눈을 보여주는 것이 효과적이다. 시청자는 눈에 덮인 기자의 모습을 보며 폭설을 실감하고 서둘러 안전대책을 준비할 수 있다.

1. 스탠드 업의 유형

1) 오프닝

오프닝 (*opening*) 은 기자가 리포트 맨 앞에 등장하는 경우이다. 현장에 기자가 갔다는 것을 강조한다. 브리핑하는 사람이 연단으로 나와 이슈에 관해 설명하듯 기자는 현장에서 현장상황을 전달한다. 생방송 현장을 연결할 때는 거의 대부분이 오프닝 형식이다.

> 스탠드 업 네, 귀성길 정체는 이 시간까지도 계속 이어지는 중입니다. 서울요금소를 빠져 나가려는 차량들이 꼬리를 물고 있습니다. 그래도 저녁 7시를 지나면서 고속도로 소통상황이 조금씩 나아지고 있습니다.

> 스탠드 업 네, 지금 숭례문이 불길에 휩싸였습니다. 2층에서 시뻘건 화염과 검은 연기가 계속 뿜어져 나옵니다.

1980~1990년대 스탠드 업은 대부분 오프닝 형식이었으나 최근

〈그림 16-2〉 귀성길 정체현장 보도화면

리포트에서는 자주 사용하지 않는다. 현장의 상황을 설명하는 경우 오프닝 형식을 사용한다.

> 스탠드 업 KTX를 타고 광주에 도착한 승객들이 가장 먼저 마주하게 되는 광주 송정역 대합실입니다. 새로운 역사는 옛 송정역보다 훨씬 규모가 커지고 또 시설도 좋아졌습니다.
> —〈MBC 뉴스투데이〉(2015. 2. 24)

2) 브리지

브리지(bridge)는 기자가 중간에 등장하는 형식이다. 앞에서 중요한 사건현장을 보여주고 기자가 나온다. 스탠드 업을 오프닝에 배치하면 첫 부분에 현장상황을 보여주기가 어렵다. 기자가 리포트 맨 뒤에 나올 경우 시청자에게 답답함을 줄 수 있다. 브리지는 오프닝과 클로징의 단점을 모두 해결한 형식이다.

미국 TV뉴스에서는 중간 스탠드 업을 가장 많이 사용한다. 한 장소에서 다음 장소로 장면을 전환할 때나 앞부분의 현장상황과 뒷부분의 원인, 해결책을 연결할 때에도 중간 브리지 스탠드 업을 한다. 다음 리포트에서 기자는 사고현장을 보여준 뒤, 문제의 내리막길에서 중간 스탠드 업을 했다.

스탠드 업 사고를 낸 차량은 이렇게 경사가 심한 내리막길을 1킬로미터 넘게 제동장치 없이 달렸습니다.

—⟨제주 MBC 뉴스⟩(2014. 8. 14)

3) 클로징

클로징(*closing*)은 기자가 리포트 맨 뒤에 등장하는 것을 말한다. 리포트 마지막에 나와 뉴스내용의 의미를 설명하거나 대책, 전망에 관해 이야기할 때 사용한다.

⟨그림 16-3⟩ 클로징 스탠드 업의 예시

스탠드 업 중국의 주요 매체들은 사드 배치가 국제사회의 대북제재 대열에 분열을 초래할 것이라며 북핵문제까지 거론하고 있습니다. 베이징에서 MBC 뉴스 금기종입니다.

— 〈MBC 뉴스〉 (2016. 8. 5)

스탠드 업 우리나라 상공의 기류를 보면 남쪽바다에서 태풍이 북상하면서 덥고 습한 수증기가 한반도로 밀려오는 모습이 포착되는데요. 이 때문에 내일까지 중부지방엔 최고 120㎜의 비가 더 내리겠고 목요일까지 비가 이어질 것으로 예상됩니다. KBS 뉴스 신방실입니다.

— 〈KBS 뉴스 9〉 (2016. 7. 5)

클로징은 가장 어려운 스탠드 업이다. 취재 도중에 클로징하려면 취재를 마무리하지 못해 기사쓰기에 어려움을 겪는다. 클로징이 어렵다면 스탠드 업 위치를 리포트 중간으로 옮기는 것도 좋은 방법이다. 리포트의 마지막 문장은 첫 문장만큼이나 중요하다. 리포트의 첫 문장이 영화의 첫 장면이라면 마지막 문장은 영화의 마지막 장면이다. 주제를 다시 강조하면서 강한 인상을 남기는 마무리가 바람직하다.

이툴과 앤더슨(Itule & Anderson, 2008)의 저널리즘 교재 《뉴스 기사쓰기와 리포팅》(*News Writing & Reporting for Today's Media*)은 기사쓰기의 한 형식으로 서클 스타일(*circle style*)을 소개했다. 서클 스타일은 둥글게 원을 그리는 것처럼 이야기가 한 바퀴 돌아 제자리로 돌아오는 구성방법을 말한다. 비 오는 날씨에서 시작했으면 비로 끝내고 눈 이야기에서 시작했으면 눈으로 끝낸다.

2. 스탠드 업 요령

스탠드 업을 할 때 짧고 쉬운 말을 쓴다. 스탠드 업은 기사를 보고 읽는 게 아니라 외워야 하기 때문에 기억하기 좋게 정리한다. 스탠드 업을 할 장소는 뉴스내용과 관련성이 높은 현장, 대표성이 높은 곳을 선택한다. 배경을 설명할 때는 시선을 자연스럽게 돌려 시청자의 시선을 유도한다.

군중 속에서 스탠드 업을 할 때는 소음이 심하기 때문에 핸드 헬드(hand held) 마이크를 사용한다. 두 손을 움직이면서 스탠드 업을 할 경우 핀 마이크를 쓴다. 핀 마이크는 바람소리와 옆의 소음이 새어들기 때문에 소음이 많은 야외에서는 부적합하다.

스탠드 업은 기자가 일어서서 하는 것이 대부분이지만 길을 걸어가면서, 지하철, 자동차, 배 안에서 하기도 한다. 기자는 시청자의 시선을 끌려고 다양하고 기발한 스탠드 업을 시도한다. 소품을 들고 설명하거나 낙하산 훈련장에서 뛰어내리면서 스탠드 업을 한다. 스쿠버 옷을 입고 살얼음 위를 걷고, 폭염을 강조하려고 뜨거운 아스팔트 위에 계란을 깨 보는 스탠드 업도 있다.

다양한 방식이 있지만 중요한 것은 효과적이고 신뢰감 있게 뉴스를 전달해야 한다는 점이다. 스탠드 업이나 인터뷰할 때는 기자의 모습이 TV에 방송된다. 용모를 단정히 갖춰야 시청자에게 호감을 줄 수 있다. 방송기자는 전문직업인이다. 시청자에게 좋은 인상을 주고 신뢰감을 갖도록 하는 것은 전문직업인의 의무이다.

1. 대학 캠퍼스를 돌며 건물을 하나씩 소개하는 스탠드 업을 해 보자.

2. 컴퓨터 화면에 집회나 행사로 인해 교통이 통제되는 구간의 인공위성 지도를 띄워놓고 교통통제구간을 설명하는 스탠드 업을 해 보자.

3. 한낮 기온이 30도가 넘는 폭염이 한 달째 계속되는 상황을 가정하고 스탠드 업을 어디서 어떻게 하는 것이 효과적인지를 생각해 보자.

17장

영 상

1. 영상언어의 이해

TV뉴스는 영상(映像, *image*)과 음성으로 메시지를 전한다. TV뉴스의 가장 큰 특징은 현장 영상이다. TV의 영상은 이 순간 실제로 사건이 일어나는 것처럼 보이게 만든다. 충남대 교수 김수정(2003)은 "TV뉴스를 선호하는 중요한 이유는 시청자가 그날 일어난 일을 직접 보기 원하는 데 있다"고 말했다. '백 번 듣는 것보다 한 번 보는 것이 낫다', '보는 것이 믿는 것이다'(Seeing is believing) 라는 속담은 '보는 것'이 얼마나 중요한지를 잘 말해준다.

인력개발 전문가 레어드와 슐레거(Laird & Schleger, 1985)는 대부분의 학습이 시각에 의존한다고 밝혔다. 그는 "감각자극법(*sensory-stimulus approach*)에 따르면 성인들은 지식의 75%를 시각(*sight*)을 통해서, 13%는 청각(*hearing*)을 통해서, 12%는 촉각(*touch*), 후각(*smell*), 미각(*taste*)을 통해서 얻는다"고 소개했다. 시각과 청각이 학습의 90% 가까이를 담당한다는 이 이론은 영상의 힘을 잘 보여준다.

<표 17-1> 각 감각의 학습 시 영향비율

감각 구분	학습 시 영향비율
시각	75%
청각	13%
촉각, 후각, 미각	12%

출처: 레어드와 슐레거(Laird & Schleger, 1985).

영상이 힘이 있는 것은 영상이 말을 하기 때문이다. 말이나 글만 의사를 전달하는 것이 아니다. 그림, 사진, 조각, 건축물, 상징물, 신호등, 표지판, 비디오 영상도 말을 한다. 영상이 하는 말을 뜻하는 단어가 바로 영상언어, 시각언어(visual language)이다.

인간은 문자시대 이전부터 그림, 기호, 상징으로 뜻을 전했다. 바위에 새긴 고래, 사슴, 호랑이 암각화와 알타미라 동굴벽화는 선사시대 인류의 소망과 기원을 담았다. 기원전 12세기 이집트의 람세스 3세는 '바다 사람들'을 물리친 이야기를 벽화에 새겼다. 정체불명의 수많은 바다 사람이 배를 타고 나일 강 삼각주로 몰려들자 람세스 3세는 전투를 벌여 이들을 물리쳤다. 이 그림은 3, 200년 전의 뉴스를 후세사람에게 전한다.

사람들은 다양한 방법을 사용하여 현실을 재현하려고 노력했으며 이를 통해 성서와 신화를 전하고 인간의 아름다움, 권위, 역사적 사건, 일상생활, 자연의 아름다움을 표현하려 했다. 르네상스 시대에 활동한 철학자이자 건축가 레온 바티스타 알베르티(Leon Battista Alberti)는 "회화의 평면은 '세상으로 난 창'(a window on the world)으로 취급돼야 한다"고 말했다. 르네상스 화가는 창문에 격자를 만들어 창밖에 보이는 현실세계를 그대로 재현하려 했고 원근법을 발명했다.

〈그림 17-1〉 람세스 3세의 장제전(葬祭殿)에 새겨진 '바다 사람과의 전투' 벽화

　근대에 들어 사진이 회화의 역할을 대체했다. 사진은 눈에 보이는 대상을 똑같이 재현한다. 1968년 베트남전 당시 베트남 경찰국장이 거리에서 베트콩 용의자를 권총으로 즉결처분하는 사진은 미국 내 반전 분위기를 고조시켰다. 사진 속 영상언어가 강력한 메시지를 전달했기 때문이다. 움직이는 영상은 평면의 사진보다 많은 영상언어를 가졌다. 찰리 채플린의 무성영화는 소리 없이도 의미를 전달한다. 컬러필름이나 TV의 영상에 이르면 영상언어가 더 늘어난다.

2. 영상언어의 5가지 요소

영화와 TV는 카메라 앵글과 빛, 음향, 편집을 통해 다양한 영상언어를 표현한다. 영국의 필름(영화, 동영상) 교육 인터넷 사이트 필름에듀케이션(Film Education, 2013)은 필름언어(*film language*)를 분석하여 〈표 17-2〉와 같이 5가지 요소로 분류했다.

<표 17-2> 영상언어의 구분

구분	상세 내용
카메라 앵글과 카메라 움직임	앵글: 롱 숏, 미디엄 숏, 클로즈업 움직임: 줌, 팬, 틸트
빛	명암과 색상
미장센	카메라 영상에 나타나는 모든 이미지, 뉴스스튜디오, 의상, 배경, 인물의 표정, 제스처,
영상편집	연속편집, 몽타주편집
음향	대화, 인터뷰, 현장음향, 해설자, 음악,

　　영화와 드라마는 클로즈업 화면과 다양한 카메라 앵글, 조명, 몽타주편집 기법, 음악 등의 영상언어를 최대한 사용한다. 극적 연출을 통해 관객과 시청자의 심리적 반응을 이끌어낸다. 뉴스는 연출한 영상을 사용하지 않지만 영상언어를 이해해야 정보를 효과적으로 전달할 수 있다. 지금부터 영상언어의 5가지 요소에 관해 자세히 알아본다.

1) 카메라 앵글과 카메라 움직임

카메라 앵글(*camera angle*) 은 영상의 구도를 말한다. 다음과 같이 4가지로 구분한다.

- 수평 앵글(*eye-level angle*) : 사람의 눈높이에 맞춘 앵글이다. 앵커의 얼굴, 스탠드 업, 인터뷰를 촬영할 때 사용하는 앵글이다. 평등감과 안정감을 준다.
- 하이 앵글(*high angle*) : 위에서 내려다보는 앵글이다. 사람을 왜소하고 나약하게 보이게 한다.

- 로우 앵글(*low angle*) : 아래에서 위를 올려다보는 앵글이다. 권력과 권위를 나타낸다.
- 경사 앵글(*dutch angle*) : 경사진 앵글이다. 불안감을 표현한다.

카메라 앵글에 따라 영상의 구도, 숏(*shot*)이 달라진다. 숏은 카메라를 고정시키고 찍는 최소단위이다. 보통 인물크기에 따라 다음과 같이 숏을 구분한다.

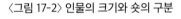

〈그림 17-2〉 인물의 크기와 숏의 구분

출처: MBC 영상미술국 사진

〈그림 17-3〉 여러 가지 숏의 예시

롱 숏   풀 숏

미디엄 숏   클로즈업

- 롱 숏(*long shot*) : 멀리서 전체 배경을 찍는 구도이다. 롱 숏은 공간감, 상황배경, 활동범위를 나타내며 공적 거리(*public distance*)를 표현한다.
- 풀 숏(*full shot*) : 사람의 머리에서 발끝까지 찍는 구도이다. 방향의 이동과 사람의 신분을 알려주며 사회적 거리(*social distance*)를 표현한다.
- 미디엄 숏(*medium shot*) : 사람의 상반신 정도를 찍는 구도이다. 대인관계, 사람의 신분을 판단할 수 있다. 개인적 거리(*personal distance*)를 표현한다.
- 클로즈업(*close up*) : 사람의 얼굴을 찍는 구도이다. 사람의 감정과 감정변화를 나타낸다. 친밀한 거리(*intimate distance*)를 표현한다.

영화, TV의 카메라는 스틸 카메라와 달리 카메라를 움직이며 영상을 기록한다. 때문에 카메라 움직임(*camera movement*)은 촬영 시 고려할 중요한 요소 중 하나다. 상세한 구분은 다음과 같다.

- 픽스 숏(*fix shot*): 카메라를 고정시켜놓고 촬영하는 숏이다. 안정감을 준다.
- 팬(*pan*): 카메라를 좌우로 움직이며 촬영한다. 사건의 맥락을 알 수 있게 한다.
- 틸트(*tilt*): 카메라 앵글을 위아래로 움직이며 촬영한다.
- 줌(*zoom*): 카메라 렌즈를 움직이며 촬영한다.
  - 줌 인(*zoom in*): 안으로 들어가며 피사체에 집중하게 만든다.
  - 줌 아웃(*zoom out*): 밖으로 빠지며 전체 맥락을 알 수 있게 한다.
- 팔로(*follow*): 사람의 움직임을 따르며 촬영한다. 동행하는 느낌을 준다.
- 트래킹(*tracking*): 카메라를 수평으로 이동하며 촬영한다. 사건을 설명한다.
- 붐(*boom*): 크레인으로 카메라를 위아래로 움직이며 촬영한다.
- 달리(*dolly*): 카메라 밑에 바퀴를 달아 앞뒤로 움직이며 촬영한다. 스튜디오 전체를 보여주다가 앵커의 얼굴을 촬영할 때 사용한다. 인물에 주목하게 하고 생동감을 느끼게 한다.

2) 빛과 색

주창윤(2015)은 자신의 저서 《영상 이미지의 구조》에서 영상언어로서 빛(*light*)과 색에 관련된 사항을 명암, 대비, 색채의 3가지로 구분하였다. 자세한 내용은 다음과 같다.

- 명암: 밝은 화면은 행복감을, 어두운 화면은 불행과 우울함을 표현한다.
- 대비: 강한 대비는 연극적 효과, 극적 효과, 약한 대비는 현실적 효과를 나타낸다.
- 색채: 노랑, 오렌지, 갈색은 낙관주의, 열정을 표현한다. 파랑, 녹색, 회색은 비관주의, 침잠, 이성을, 검정과 흰색은 리얼리즘, 사실성을 표현한다.

3) 미장센

미장센(*mise-en-scene*)은 화면에 나타나는 모든 영상을 말한다. 배경화면, 소품, 의상, 인물의 위치, 제스처, 얼굴표정, 움직임이 미장센이다. 뉴스스튜디오의 미장센은 안정되고 반듯하다. 앵커는 스튜디오 가운데 앉아 정장을 입고 바른 자세로 앉아 정면을 응시하며 시청자에게 뉴스를 전한다. 반면, 기자는 현장감을 살리기

〈그림 17-4〉 뉴스스튜디오의 미장센

위해 현장에서 스탠드 업을 한다. 화재, 교통사고 현장, 국회의사당, 워싱턴의 의회 건물, 파리의 에펠탑 등이 현장감을 살리는 무대 장치이다.

4) 편집

영상을 자르고 이어붙이는 편집(*editing*)은 영상에 새로운 의미를 부여한다. 자세한 내용은 '영상편집' 항목에서 더 살펴볼 것이다.

- 연속편집: 동작이 자연스럽게 이어지도록 하는 편집방법이다.
- 몽타주편집: 서로 다른 화면을 인위적으로 합성해 새로운 감정과 느낌을 만들어낸다.

5) 음향

TV의 영상에는 음향(*sound*)도 포함된다. 대표적 음향은 앵커, 리포터의 음성, 인터뷰, 현장음이다. 뉴스시그널, 음악도 뉴스의 분위기에 영향을 준다.

3. TV뉴스의 영상언어 활용

TV뉴스는 영상기법을 제한적으로 사용한다. 뉴스는 사실성을 중시한다. 객관적·이성적 관찰자의 역할을 강조한다. 현실감을 높이기 위해 클로즈업이나 극단적 카메라 앵글, 슬로 모션의 사용은 가능한 한 피한다. 미디어 학자인 터크만(Tuchman, 1978/1995) 은 《메이킹 뉴스》(*Making News*) 에서 현장감(*actuality*) 을 높이기 위해 방송기자들이 사용하는 몇 가지 표준적 기법을 분석했다.

- 뉴스영상은 기자들이 현장에 가 있는 것을 시청자에게 알려준다. 기자는 도시의 상징물, 사건현장을 대표하는 상징적 장소나 현장에서 스탠드 업, 인터뷰를 한다.
- 뉴스내용과 가장 관련성이 높은 화면을 사용한다. 노동자 파업을 보도할 때 피켓 든 노동자를 보여준다. 살인사건 현장에서 혈흔, 부서진 자동차를 보여준다.
- 뉴스영상은 뉴스와 관련한 집단, 계급의 전형적 인물을 보여준다. 디트로이트 파업에 흑인 노동자가 나오고 농산물 가격 보도에 보통 농민이 등장한다.

뉴스영상은 영상기법도 중요하지만 실제현장을 찍는 것이 가장 중요하다. 선명한 HD카메라로 찍은 평범한 영상보다는 화면이 어둡고 화질이 떨어지더라도 현장을 찍은 화면이 가치가 있다. 다큐멘터리나 시사프로그램은 현장화면을 구하기 어려울 때 과거의 사건과 사실을 재연(再演) 하는 기법을 사용한다. 뉴스에서는 연출을 허용하지 않는다. 현장의 영상은 TV뉴스에서 결정적 역할을 한다.

4. 영상편집

영상편집은 영상과 기자의 리포팅을 합성하는 과정이다. 현장에서 촬영한 영상과 기자의 리포팅 음성, 스탠드 업, 인터뷰를 편집해서 뉴스에서 사용할 리포트 완제품을 만든다. 여기에 개인이나 경찰, 소방서에서 비디오로 제공한 영상이나 자료 영상, 그래픽이 추가될 수 있다.

1) 영상의 소스

이종수(1999)는 뉴스의 영상을 6가지 요소로 나누어 설명한다.

- 사운드 바이트(*sound bite*): 공식 인터뷰, 비공식 인터뷰, 공식발표, 현장음향을 기록한 화면.
- 사건화면(*event footage*): 사건현장을 기록한 화면.
- 구성화면(*corroboration shot*): 사건현장의 화면이 없거나 시각화가 불가능할 경우 또는 내용을 보완하기 위해 별도로 제작하는 도표, 그래픽, 애니메이션 화면.
- 로케이션 숏(*location shot*): 특정한 사건이나 인물, 사물 등을 상징하기 위해 건축물의 외관, 깃발, 명패 등을 보여주는 화면.
- 스탠드 업(*stand-up*): 기자가 등장하는 화면.
- 자료화면(*file footage*): 실제 사건현장의 화면이 없을 경우 사용되는 관련사건이나 인물의 과거 화면.

최근 시민이 직접 촬영할 수 있는 장비의 보편화로 뉴스의 영상 소재가 다양해졌다. CCTV, 자동차 블랙박스, 소형 카메라, 휴대

폰으로 촬영한 화면에는 카메라 기자가 촬영하기 어려운, 사건 당시의 영상이 담긴 경우가 많다. 적당한 화면이 없을 경우 사진, 문서, 책을 촬영한 영상을 활용한다.

2) 영상편집 방법

영상편집은 비선형 편집기(*non-linear editing system*) 장비를 이용한다. 2000년 이전에는 비디오테이프에 영상을 기록하고 아날로그 편집기(*analogue*)를 사용했다. 현재는 컴퓨터 기술을 적용한 비선형 NLE 편집기를 사용한다. NLE 편집기는 영상편집을 끝낸 뒤에라도 중간에 새로운 영상을 편집해 넣을 수 있다. 또한 과거 뉴스스튜디오에서만 가능했던 디졸브(*dissolve*), 와이프(*wipe*), 자막 등 영상효과를 넣는 작업도 가능해졌다.

〈그림 17-5〉 편집장비가 구비된 영상제작실의 모습

영상의 숏을 자르고 이어 붙이는 데도 일정한 규칙이 있다. 이를 '영상문법'(visual grammar) 이라 한다. 영상문법은 영상언어를 이용해 이야기를 만들어가는 규칙이다. 영상편집에는 연속편집과 몽타주편집이 있다.

(1) 연속편집

연속편집(continuity editing)은 인물의 행동이 자연스럽게 이어지도록 영상을 편집하는 것을 말한다. 고전편집(classical editing), 보이지 않는 편집(invisible editing)이라고도 한다. 무성영화 시대부터 시작된 가장 기본적 편집방법이다.

영상이 자연스럽게 이어지려면 숏의 크기, 카메라 앵글, 카메라 움직임, 인물의 방향을 고려해야 한다. 촬영 때부터 영상편집을 생각해 여러 개의 숏을 촬영하고 영상편집을 할 때 롱 숏, 풀 숏, 미디엄 숏, 클로즈업을 이어 붙이면 〈그림 17-6〉과 같이 인물의 자연스

〈그림 17-6〉 클로즈업과 미디엄 숏을 편집해 인물의 동작을 연결한 화면

<그림 17-7> 뉴스스튜디오 대담 장면

러운 움직임을 나타낼 수 있다.

인터뷰를 촬영할 때는 2대의 카메라로 180도 반대방향에서 동시에 촬영하고 두 화면을 시선 방향에 맞춰 이어 붙인다. 연속편집을 하면 <그림 17-7>처럼 두 사람이 마주보며 대화하는 장면이 재현된다. 카메라 앵글과 시선, 화면의 방향이 맞아야 영상의 연속성이 이뤄진다. 연속편집을 하면 시청자는 현실세계를 보는 것과 똑같은 느낌을 갖는다.

(2) 몽타주편집

몽타주는 미술에서 서로 다른 그림을 이어 붙이는 표현기법을 말한다. 영화, TV에서의 몽타주편집(montage editing)은 2개의 서로 다른 화면을 이어 붙여 제3의 감정을 일으키는 편집방법을 말한다. 러시아의 영화감독인 세르게이 에이젠슈타인(Sergei Eisenstein)은 <전함 포템킨>(Bronenosets Potemkin)에서 몽타주 기법을 활용해 명성을 얻었다. 유모차가 계단으로 굴러 떨어지는 화면과 민간인 학살장면을 이어 붙인 몽타주는 명장면으로 평가된다.

몽타주편집 방법은 영화나 드라마에 널리 쓰인다. 예시로 <그림 17-8>을 보자. 강아지와 우는 어린아이 얼굴을 이어서 붙이면 강아

〈그림 17-8〉 몽타주편집의 예시

강아지와 우는 아기

강아지와 웃는 아기

지가 무서워 어린아이가 우는 것처럼 보인다. 강아지와 웃는 아이 얼굴을 이어 붙이면 강아지가 좋아서 어린아이가 웃는 것처럼 보인다. 이를 연상작용(association)이라고 한다. 비슷한 반응을 나타내는 사람의 인터뷰를 연속편집하거나, 부자와 가난한 사람을 대비시켜 편집하는 것도 몽타주편집의 하나이다. 극적 효과를 높이기 위한 인위적 편집방법이다.

언론학자들은 TV뉴스의 리얼리즘을 강조하지만 미국 TV뉴스의 컷 길이는 점점 짧아지고 몽타주편집은 늘어난 것으로 나타났다. 뉴멕시코대학의 쉐퍼(Schaefer, 2006)는 1969년부터 2005년까지 미국의 TV뉴스 영상의 길이를 분석했다. 36년 사이에 컷의 길이는

〈표 17-3〉미국 TV뉴스의 편집경향

연도	1969	1983	1997	2005
컷 길이(초)	9.5	5.2	5.3	4.7
연속편집(%)	67.4	58.4	28.6	30.4
몽타주(%)	32.6	41.6	71.4	69.6

출처: 쉐퍼(Schaefer, 2006).

9. 5초에서 4. 7초로 절반 정도 짧아진 것으로 나타났다. 4. 7초의 컷
길이는 한국의 TV뉴스와 비슷한 수준이다. 현실성을 표현하는 연
속편집 비율은 1969년 60% 대에서 2005년 30% 수준으로 줄어들고
몽타주편집은 배로 늘어났다.

쉐퍼는 뉴스편집자가 사회적·역사적으로 복잡한 이슈를 분석하
기 위해 몽타주 기법을 활용하는 것으로 진단했다. 쉐퍼는 사건·
사고 등 지역뉴스를 다룰 때는 현실성이 높은 연속편집이, 분석적
이며 주제의식이 강한 전국뉴스를 다룰 때는 몽타주편집이 효과적
이라고 말했다.

(3) 영상효과

뉴스에서는 화면과 화면을 이어 붙일 때 주로 컷(cut)을 사용한다.
컷은 화면과 화면 사이를 바로 이어 붙이는 것을 말한다. 컷은 화면
을 가공하지 않기 때문에 사실성이 높다. 때에 따라 디졸브, 오버랩
(overlap), 와이프, 페이드(fade) 같은 특수효과를 사용한다.

(4) 그래픽

TV뉴스에서는 촬영한 영상 외에 그래픽(*graphic*)을 많이 사용한다. 사고현장 지도, 피해자 명단, 정책의 핵심내용과 같이 복잡한 숫자나 도표가 포함된 내용을 요약하여 보여주거나 발언내용, 음성녹음 등을 자막으로 표현할 때 그래픽은 유용하다. 컴퓨터 장비의 발전에 따라 컴퓨터 애니메이션 영상의 활용도 늘어났다. 2013년 아시아나항공 사고 때 방송사들은 사고 여객기의 이동경로를 3D 컴퓨터 그래픽으로 재현해 뉴스에 활용했다. 이외에도 그래픽을 효과적으로 쓸 수 있는 예는 다음과 같다.

- 태풍의 이동경로
- 사고발생 과정
- 자동차, 사람의 이동경로
- 의료수술 과정
- 건물 내부구조

〈그림 17-9〉 그래픽을 활용한 보도의 예

그래픽을 넣을 때 잘못된 글자나 사진이 들어가지 않도록 유의한다. 예를 들어, '보석'이 귀금속인지 형사사건의 보석(保釋)인지, '광주'가 광주광역시인지 경기도 광주인지, '워싱턴'이 워싱턴 DC인지 워싱턴 주를 말하는지 확인한다. 시청자에게는 그래픽 정보도 기자의 리포팅과 똑같은 정보다. 때문에 오류를 막기 위한 철저한 점검이 필요하다.

(5) 자막

자막(caption)도 중요한 정보이다. 사고가 발생한 장소, 회의가 열리는 장소, 인터뷰 인물의 이름, 리포팅하는 기자의 이름은 필수적으로 들어간다. 자막과 기사는 서로 보완관계이다. 자막에 시간과 장소를 표시할 경우 리포트 기사에서 시간, 장소는 짧게 줄인다. 자막도 그래픽과 마찬가지로 오류가 생기지 않도록 사전에 철저한 확인이 필요하다.

〈그림 17-10〉 이세돌 인터뷰 보도화면에 삽입된 자막

1. 교통사고, 화재사건 뉴스를 다시보기를 통해 모니터하면서 기사 문장단위로 어떤 영상이 들어갔는지를 자세히 기록해 보자.

2. 하나의 뉴스소재를 골라, 뉴스영상 가운데 롱 숏, 풀 숏, 미디엄 숏, 클로즈업 숏의 비율이 몇 퍼센트인지, 줌, 팬, 틸트가 몇 번 쓰였는지 분석해 보자.

3. 연속편집과 몽타주편집은 어떻게 다른지 서술해 보자.

4. 동영상 또는 사진을 이어 붙여 이야기를 만들어 보자.

5. 실제 TV뉴스를 보고 어떤 기사내용을 전할 때 그래픽 화면이 들어가는지 꼼꼼히 모니터해 보자.

18장

방송

방송은 기자가 취재한 뉴스를 시청자에게 전달하는 마지막 단계이다. 뉴스방송은 TV편집부가 총괄한다. TV편집부는 뉴스소재를 정하고 순서에 따라 큐시트를 작성한다. 큐시트는 프로그램 진행 순서표이다.

TV편집부의 뉴스PD는 뉴스소재의 제목을 뽑고 앵커 어깨 위에 들어갈 그래픽 화면을 준비한다. 앵커가 스튜디오 안에서 뉴스를 진행하는 책임자라면 뉴스PD는 스튜디오 밖에서 뉴스를 진행하는 책임자이다. 뉴스스튜디오에서 진행하는 뉴스프로그램은 방송사 주조정실을 거쳐 전국으로 방송된다.

메인뉴스에서는 프로그램 타이틀, 시그널 음악이 나오고 스튜디오를 비추면서 주요 뉴스가 방송된다. 이어 앵커가 나와 뉴스진행을 시작한다. 뉴스프로그램은 리포트가 대부분을 차지한다. 리포트 외에 앵커가 직접 읽는 짧은 뉴스와 기자의 중계차 생방송, 특파원의 위성 생방송(live)이 있다. 앵커가 직접 뉴스의 인물과 인터뷰를 하거나 기자가 스튜디오에 출연해 이슈를 설명하는 형식도 있다.

〈그림 18-1〉 메인뉴스 구성의 예시

<표 18-1> 메인뉴스의 구성

앵커 진행	리포트		리포트 완제품
	앵커 멘트		짧은 뉴스
	생방송	중계차 인공위성	기자 생방송 특파원 생방송
	앵커 인터뷰	중계차 스튜디오	중계차 인터뷰 출연 인터뷰
	기자 출연	스튜디오	기자 대담

뉴스는 생방송이다. 생방송으로 진행되기 때문에 실수가 나온다. 작은 실수라도 막기 위해 앵커와 뉴스PD, TV편집부 간부는 안간힘을 쓴다. 앵커와 뉴스제작진은 메인뉴스 1시간 내내 중압감 속에 뉴스를 진행한다. 뉴스의 마지막 자막이 나간 뒤에야 겨우 한숨을 내쉰다.

연습문제

1. 일주일간 지상파 방송 3사의 뉴스내용과 순서를 비교해 보고 각 뉴스의 특성을 분석해 보자.

2. 뉴스원고를 보지 않고 뉴스내용을 여러 사람 앞에서 설명하는 연습을 해 보자.

제 6 부

분야별 뉴스와 기획뉴스

19장

뉴스의 4대 분야

방송기자는 입사해 1~2년간 사회부에서 경찰기자 생활을 한 뒤 사회부에 남거나 경제부, 정치부, 국제부 등으로 이동한다. 각 부서는 전문분야별로 뉴스를 담당한다.

1. 사회뉴스

사회분야의 뉴스영역은 넓고 다양하다. 전국의 사건·사고, 사회문제가 사회부의 영역이다. 한 부서가 맡기에는 업무가 너무 많기 때문에 보통 사회 1부, 사회 2부, 전국 네트워크부 등 3개 부서로 나눈다. 사회 1부가 검찰, 교육, 국방, 보건복지 등 행정부처를 담당한다. 사회 2부는 사건·사고뉴스를 담당한다. 전국 네트워크 뉴스는 지역뉴스를 맡는다. 사회뉴스는 갈등을 많이 다룬다. 갈등을 어떻게 다루느냐가 사회부 기자의 중요한 과제이다.

사회갈등이 극명하게 드러난 사건이 2009년 8월 쌍용자동차 사태이다. 쌍용자동차는 경영적자가 커지자 2009년 5월 976명을 정리해고하고 1,666명을 희망퇴직시켰다. 노조는 5월부터 평택공장을 점거하고 장기농성에 들어갔다. 경찰은 농성 77일 만인 8월 4일, 경찰력을 투입해 진압에 나섰다.

앵커 멘트 쌍용차 평택공장에 경찰이 특공대를 투입하며 강제 해산에 들어가면서 저항하는 노조원들과 격렬히 충돌했습니다. 노조원들이 점거 중인 도장공장에 대한 전방위 압박이 이어졌습니다. 장인수 기자가 보도합니다.

리포트 공장 일대가 거대한 화염에 휩싸였습니다. 노조원들은 전진하는 경찰병력을 향해 화염병과 불붙인 타이어를 던지고 소방헬기는 계속 물을 뿌립니다. 오늘 오전 10시 반쯤 경찰특공대 100여 명이 고가 사다리차를 타고 차체2공장 옥상으로 진입했습니다. …

경찰은 또 도장2공장과 연결된 조립공장 옥상으로 병력을 투입시키기 위해 사다리차를 동원했지만 노조원들이 쇠파이프로 사다리를 밀어내고 불을 지르며 저항해 진입하지 못했습니다.

— 〈MBC 뉴스〉 (2009. 8. 4)

사회갈등 뉴스를 다루려면 겉으로 드러난 현상뿐만 아니라, 갈등의 원인을 깊이 들여다봐야 한다. 노사 양측의 주장을 공정하게 전달해 합리적 여론을 형성하는 것이 중요하다. 쌍용자동차의 쟁점은 정리해고가 정당했느냐는 문제였다. 사측은 "수천억 원의 적자 때문에 정리해고는 불가피하다. 회사의 생존문제가 걸려있다"고 주장했다. 노조는 "경영악화는 근로자의 잘못이 아니다. 정리해고는 노동자의 생존권이 걸린 문제이기 때문에 물러설 수 없다"고 맞섰다.

법원은 최종적으로 사측의 손을 들어줬다. 2014년 11월, 대법원은 "당시 정리해고는 긴박한 경영상 필요가 있었다"고 판결했다.

쌍용자동차 문제를 이해하려면 당시 내부 경영사정을 살펴봐야 한다. 2008년 세계적 금융위기가 닥치자 쌍용자동차는 2,273억 원의 영업적자를 냈다. 연간생산량이 14만 대에 불과한 구조적 문제에 상하이 자동차의 부실경영, 경기악화가 겹치면서 적자가 커졌다. 2009년 상황이 더 나빠지자 사측은 정리해고에 들어갔다. 노조는 공장점거로 맞섰다. 노사대립은 결국 공권력 투입, 대량 구속이라는 파국을 맞았다. 쌍용자동차 경영권은 2011년 인도의 마힌드라 그룹으로 넘어갔다.

쌍용은 마힌드라 그룹 인수 이후 신차를 개발하고 부채비율을 낮춰 2015년 4.4분기 처음으로 흑자를 냈다. 또한 179명의 정리해

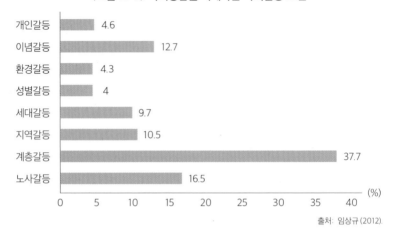

〈그림 19-2〉 사회통합을 저해하는 사회갈등 요인

개인갈등 4.6
이념갈등 12.7
환경갈등 4.3
성별갈등 4
세대갈등 9.7
지역갈등 10.5
계층갈등 37.7
노사갈등 16.5

(%)
0 5 10 15 20 25 30 35 40

출처: 임상규 (2012).

고자를 단계적으로 복직시키기로 약속하면서 쌍용자동차 문제는 해결의 전기를 맞았다. 이 사건은 대화와 타협의 중요성을 교훈으로 남긴 불행한 사건이다.

경부고속철도 천성산 터널공사는 2003년 5월부터 2006년 6월까지 3년 동안 중단, 재개를 반복했다. 인근 통도사의 지율 스님은 꼬리치레 도롱뇽 서식지가 파괴된다며 농성을 계속했다. 고속철도 공사는 1년 4개월이 늦어졌다. 지율스님은 2009년 대법원에서 업무방해죄로 유죄판결을 받았다. 한국사회의 갈등은 극한투쟁으로 끝을 맺기 일쑤이다. 문제를 대화로 해결하고 갈등을 조정하는 길은 없는 듯이 보인다.

한국의 사회갈등은 어떤 수준인가? OECD 조사결과 한국의 사회갈등 수준은 2011년을 기준으로 조사대상 25개국 가운데 5위로 갈등, 노사갈등, 이념갈등, 지역갈등이 주요원인으로 나타났다. 사회갈등은 일반적으로 소득 불평등에서 비롯된다. OECD 조사에

〈그림 19-3〉 사회갈등을 보여주는 보도사진

따르면 한국의 소득불평등 정도는 2013년을 기준으로 조사대상 34개 나라 가운데 23위로 하위권에 속한다. 덴마크, 핀란드, 독일, 프랑스 등 유럽 국가에 비해 불평등 정도가 높고 멕시코, 미국, 그리스, 스페인에 비해 조금 나은 수준이다.

언론은 평화보다는 갈등을 주목한다. "갈등이 없으면 뉴스도 없다"는 말이 있을 정도로 갈등은 뉴스에서 큰 비중을 차지한다. 그러나 한국사회의 갈등은 위험수준이다. 갈등은 시위, 집회에서 폭력적 양상으로 번지고 높은 자살률, 저출산 문제로 이어진다. 사회갈등의 경제적 비용이 한해 최소 82조 원에서 최대 246조 원에 이른다는 분석도 있다.

세계 여러 나라는 갈등의 효과적 해결을 위한 방법을 모색한다. 미국은 1990년대 신속한 갈등해결을 위해 갈등조정제도(*alternative dispute resolution*)를 도입했다. 언론계의 움직임도 활발하다. 캐나다의 저널리스트 로스 하워드(Ross Howard)는 갈등해결 저널리즘(*conflict resolution journalism*)을 주창하며 국제적으로 갈등해결 방법을 전파한다. 그는 갈등해결을 위해 언론이 공정한 입장에서 서야 하며, 갈등분석을 통해 해결 가능성을 찾아내고, 갈등에 관한 새로운 목소리, 새로운 아이디어를 찾아야 한다고 강조했다. 언론은 갈등을 퍼 나르는 전달자가 아니다. 여러 이해관계자가 대화하고 소통하는 시민포럼 형성은 언론의 주요역할 중 하나이다.

2. 경제뉴스

경제뉴스는 경제정책, 경제동향, 과학기술, 소비생활 등 경제에 관한 뉴스를 다룬다. 경제부처와 한국은행, 금융기관, 경제단체, 기업이 주요 취재대상이다. 미국 언론은 경제뉴스를 비즈니스뉴스(*business news*)라 부른다. 기업, 금융, 소비자, 기술 등 실생활과 관련된 뉴스가 중심을 이룬다. 국내의 경제뉴스도 달라진다. 과거에는 정부부처가 공급하는 이른바 '관급뉴스'가 주를 이뤘으나 요즘은 소비자 중심의 뉴스로 바뀐다.

경제뉴스를 다루려면 경제학, 경영학의 기초지식을 갖고 경제사의 큰 흐름을 이해하는 것이 도움이 된다. 경제학은 1776년 스미스(Adam Smith)가 펴낸 《국부론》(The Wealth of Nations)에서 시작된다. 스미스는 인간의 이기심을 긍정하고 자유로운 시장경제를 주장했다. 그는 "우리가 저녁식사를 기대할 수 있는 것은 푸줏간 주인, 양조장 주인, 빵집 주인의 호의가 아니라 그들이 자신의 이익을 챙기려는 생각 덕분이다"라고 말했다. 그는 사적 이익을 추구하는 개인의 행동이 '보이지 않는 손'에 의해 공익에 기여한다고 보았다. 스미스의 생각은 경제학과 자유주의, 시장경제의 이론적 토대가 됐다.

1930년대에는 대공황(The Great Depression)이 일어나면서 많은 기업이 도산하고 대량실업사태가 빚어졌다. 영국의 경제학자 케인즈(John Maynard Keynes)는 경제를 시장에만 맡겨 두어서는 안 되며 정부가 개입해 유효수요를 늘려야 한다고 주장했다. 케인즈의 처방은 통했다. 하지만 지나친 정부개입은 1960~1970년대 재정적자와 인플레이션을 초래했다.

오스트리아 경제학자 하이에크(Friedrich Hayek)는 시장경제의 회복을 주장했다. 1980년대 영국 대처 정부와 미국 레이건 정부는 하이에크의 신자유주의 사상을 받아들여 규제완화와 작은 정부를 추진했다. 신자유주의의 물결은 민영화, 자본자유화, 자유무역으로 이어졌고 다국적자본과 투기자본의 이동 등 새로운 문제를 낳았다. 1997년 동남아시아와 한국에 불어닥친 외환위기, 1999년 시애틀 WTO 총회 반대시위, 2009년 세계금융위기, 2011년 한·미 FTA 협정체결과 반대시위는 신자유주의의 파장을 보여주는 좋은 예시들이다.

신자유주의는 찬성과 반대를 넘어 현실의 문제이다. 자본시장을 개방하고 기업이 해외로 공장을 이전하고 미국, 유럽, 중국, 아세안 국가와 FTA를 체결한 것은 한국경제가 이미 신자유주의 체제에 깊숙이 들어왔음을 의미한다. 신자유주의의 기회와 도전에 대응하는 것이 한국경제의 과제이다.

한국경제를 이야기할 때 1997년 IMF 외환위기 사태를 빼놓을 수 없다. IMF 외환위기 이전 한국경제는 양적 성장, 관치금융으로 대표된다. 기업은 높은 기술력 없이 규모만 키우는 양적 성장에 매달렸다. 빚을 내서 공장을 짓고 계열사를 늘렸다. 30대 그룹의 평균 부채비율은 387%에 이르렀고 은행여신의 20%가 회수할 수 없는 부실여신이었다. 1997년 1월 한보철강에 이어 3월 삼미, 4월 진로, 대농, 한신공영이 부도를 냈다. 많은 기업이 연쇄도산 조짐을 보였다. 그때 필자는 상장기업 재무분석표를 펴놓고 부채비율이 높은 기업 리스트를 작성했다. 리스트에는 부채비율이 800~900%에 자본잠식을 한 기업이 수두룩했다.

그해 7월, 필자는 특파원 발령을 받고 로스앤젤레스로 떠났다. 상황은 점점 나빠졌다. 기아자동차 사태가 장기화되면서 한국의 신뢰도는 추락하고 원화 환율은 뛰어 올랐다. 10월 말, 미국 현지에서 만난 국내은행 지점장들은 외환사정이 심각하다고 실토했다. 지점장들은 "미국은행이 한국계 은행에 돈을 빌려주지 않는다. 국내은행 금고는 비었다. 위기가 올 것 같다"고 말했다. 현지 종합상사 지점장은 "외환 선물시장에서 원-달러 환율이 폭등한다"고 말했다. 숨이 막혔다.

정부는 그때까지 "펀더멘탈(*fundamental*)은 괜찮다"는 말만 되풀

이하며 환율방어에 외환 보유고를 쏟아 부었다. 11월 5일 블룸버그 통신이 결정타를 날렸다. 블룸버그는 "한국의 외환보유고가 300억 달러로 알려졌지만 150억 달러에 불과하다"고 타전했다. 외국자본의 탈출이 시작됐다. 정부는 손 쓸 도리가 없었다. 한국은 12월 3일 IMF로부터 570억 달러를 제공받는 조건으로 IMF 관리체제에 들어 갔다. 신자유주의와 낡은 경제체제가 빚어낸 재앙이었다. 자신을 지키지 못하면 남의 손에 의해 고통을 받는다.

IMF 체제 이후 정부와 기업의 대응방식은 크게 달라졌다. 정부 개입이 줄어들고 기업경영은 성장에서 이익 중심으로 전환했다. 기업의 재무구조는 튼튼해졌지만 경제성장을 떠받치던 투자는 위축됐다. 기업투자가 경제성장에 기여하는 비율을 뜻하는 성장기여율이 1990년대 48%에서 IMF 위기 이후 15% 내외로 떨어졌다. 기업의 투자위축은 2000년대 한국경제의 저성장으로 나타났다. 한국경

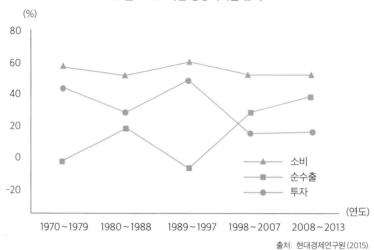

〈그림 19-5〉 기업 성장기여율 분석

(%)

출처: 현대경제연구원 (2015).

제는 좁은 내수시장과 고용 없는 성장, 낮은 노동유연성, 사회안전 망 부족 등의 문제를 안았다.

물이 흐르다 막히면 옆으로 돌아간다. 기업은 점점 더 해외로 생 산기지를 옮긴다. 기업이 왜 국내에 투자하지 않는지, 한국경제가 가진 문제의 근본원인은 무엇인지, 정부 당국자는 심각하게 고민해 야 한다. 그 고민은 언론의 몫이기도 하다. 경제는 기술혁신을 통해 돌파구를 찾는다. 반도체, 자동차, 스마트폰, 디지털 TV는 현재 한국의 주력산업이다. 이제 패러다임이 바뀐다. 세계의 기업은 전 기자동차, 자율주행차 등 첨단 자동차시장으로 몰려간다. 가전박 람회와 같은 미래 기술동향 소식은 시청자도 많은 관심을 보인다.

앵커 멘트 전기차와 자율주행차 시대에 진입하면서 자동차에서 IT 기 술의 중요성은 갈수록 커집니다. 세계 최대 가전박람회 CES에서도 자동차가 CES의 전통적 주인공인 가전제품을 제칠 기세로 열띤 경쟁을 펼쳤습니다. 미국 라스베이거스에서 신호 기자가 전합니다.

리포트 목적지에 도착한 운전자가 차에서 내리고 손짓을 했더니 차가 혼자서 주차합니다. 지난해 배출가스 조작사태로 위기를 맞았던 폭스바겐은 사람 목소리로 문이 닫히는 전기밴을 들고 나왔습니다. 토요타는 모형 자율주행차 여섯 대가 좁은 공간에서 부딪히지 않고 자유롭게 움직이는 모습을 보여줬습니다. 올해 처음 CES에 참가한 기아차는 운전자한테 응급상황이 생겼을 때 차가 알아서 갓길로 이동하는 시스템을 소개했습니다.

인터뷰〔임태원(현대차그룹 중앙연구소 전무)〕기아차에서는 전기차 베이스로 자율주행을 구현한다는 것이 가장 큰 장점입니다.

리포트 이번 CES에서 가장 관심을 받은 제품 가운데 하나가 패러데이 퓨처의 첫 전기차입니다. 최고속도 시속 321킬로미터에 시속 100킬로미터까지 올리는 데 3초밖에 걸리지 않는 실력으로 전기차 최강자 테슬라를 위협합니다.

— 〈YTN 뉴스〉(2016. 1. 7)

〈그림 19-6〉 국제전자제품박람회 현장 보도화면

한국경제는 미래를 얼마나 준비하는가? 2016년 1월 스위스 다보스에서 열린 세계경제포럼에서 슈밥(Klaus Schwab) 의장은 '4차 산업혁명'이라는 화두를 던졌다. 18세기 말 증기기관, 철도 등 기계에 의한 생산을 1차 산업혁명이라 한다면 19세기 말에서 20세기 초 대량생산체제를 2차 산업혁명, 1960년대에서 1990년대까지의 반도체, 퍼스널 컴퓨터, 인터넷 혁명을 3차 산업혁명이라 부를 수 있으며 21세기의 사물인터넷과 인공지능, 기계학습은 4차 산업혁명이라고 명명했다.

세계는 지금 4차 산업혁명에 돌입했다. 세계 각국은 디지털, 빅데이터, 인공지능, 산업용 로봇, 자율주행 자동차, 3D 프린터 개발에 총력을 기울인다. 한국이 디지털 TV, 스마트폰을 많이 수출해 미래기술 준비에 앞섰다고 착각할 수 있지만 객관적 평가에서 경쟁국보다 뒤지는 것으로 나타났다.

세계경제포럼이 분석한 한국의 '4차 산업혁명 준비 수준'은 조사대상 47개 국가 가운데 25위로 나타났다. 싱가포르, 홍콩, 일본,

대만, 말레이시아보다 낮은 수준이다. 노동유연성, 노동시장 효율성이 가장 큰 문제점으로 지적됐고 지적재산권, 사법부의 독립성, 기업의 윤리경영 등 법률적 보호가 미흡하다는 평가를 받았다. 기술과 교육, 기반시설은 평범한 수준에 머물렀다.

한국개발연구원(KDI)은 4차 산업혁명에 대비하기 위해 소프트웨어형으로 산업구조를 바꾸고 노동, 교육, 금융 분야의 유연성을 높여야 한다고 지적했다. 한국은 미래에 대비해 사회구조를 혁신해야 하는 과제를 안았다.

3. 정치뉴스

정치뉴스는 정치와 권력, 정책에 관한 뉴스를 다룬다. 청와대와 총리실, 외교, 통일부, 국가안보회의 등 행정부 핵심부처와 국회, 정당의 활동을 취재한다. 국무회의는 국가 안보, 외교에 관한 주요정책과 경제, 사회정책을 결정한다. 국회는 법안을 논의하고 행정부를 견제한다. 정치뉴스는 추상적 정책, 법안을 다루기 때문에 하드뉴스(*hard news*)라 불린다. 정치뉴스는 흥미를 바로 불러일으키는 뉴스는 아니지만 국민생활에 큰 영향을 미치는 사안을 다룬다. 사드배치, 추경예산, 세금, 연금, 어린이 보육문제, 일자리 문제, 전기요금 등 국민생활과 직결되는 문제이다.

2016년 여름은 무더웠다. 그런데 폭염 속에서도 많은 가정에서 에어컨을 켜지 못했다. 무거운 전기요금 누진제 때문이었다. 폭염에 지친 시민에게서 누진제에 대한 불만이 터져 나왔다.

〈그림 19-8〉 전기요금 누진제 관련 보도화면

앵커 멘트 폭염특보제가 시행된 2008년 이후 처음으로 오늘 '전국에' 폭염특보가 발효됐습니다. 전기요금 걱정에 냉방 못하는 가정에선 "왜 가정에서만 전기 절약하라고 하느냐"는 불만이 쏟아져 나옵니다. 김성민 기자가 취재했습니다.

리포트 주부 양유진 씨는 이 더위에도 웬만하면 에어컨을 켜지 않습니다. 아이가 덥다고 할 때만 잠깐씩 켭니다.

인터뷰 〔양유진(주부)〕 집이 찜질방 같을 때 에어컨 트는데, 계량기 돌아가는 생각에 전기요금 폭탄 맞을까 봐….

리포트 평균 전기요금이 월 5만 원인 경우 스탠드형 에어컨을 하루 3시간 반 사용하면 요금은 14만 원대로 오르고 8시간 사용하면 32만 원, 12시간이면 50만 원에 육박합니다.

—〈MBC 뉴스〉(2016. 8. 10)

시민의 불만이 여론화되자 정치권으로 불이 옮겨 붙었다. 여야 정당은 모두 전기요금 누진제 개선을 촉구했다.

앵커 멘트 전력대란이 우려되고 부자감세가 될 수 있다고 정부가 누진제 개편불가 방침을 밝혔지만 논란은 더 뜨거워졌습니다. 정치권에서도 관련제도를 손질하려는 움직임이 본격화됐습니다. 현재근 기자가 보도합니다.

리포트 전기요금 폭탄 우려로 일반 가정에선 에어컨 켜기가 겁나 노약자 등은 더욱 힘든 여름을 보내고 있습니다. 불만과 항의에도 정부 방침이 요지부동이자 정치권이 나섰습니다.

발언 〔조경태(새누리당 의원, 국회 기획재정위원장)〕 가격 차이가 11.7배가 납니다. 아프리카보다도 못한 이 낙후된 누진제 제도를 1.4배로 대폭 완화하자는 것이….

발언 〔김영춘(더불어민주당 비대위원)〕 최소한의 삶의 질을 보장할 수 있는 에어컨 사용을 하게 만들어주는 것이 국가가 해야 하는 일이 아닌가….

발언 〔김성식(국민의당 정책위의장)〕 국민을 전기나 펑펑 쓰는 그런 사람으로 매도하는 것은 (안 됩니다).

— 〈MBC 뉴스〉(2016. 8. 10)

다음 날인 8월 11일 대통령은 여당대표의 건의를 받고 전기요금 인하방침을 밝혔다. 산업통상자원부는 7월에서 9월까지 석 달간 한시적으로 전기요금을 인하한다고 발표했다.

리포트 정부는 현재 100 ㎾씩 구분되어있는 전기요금 누진구간을 50 ㎾씩 더 넓히기로 했습니다.

인터뷰 〔주형환(산업통상자원부 장관)〕 국민소득도 늘고 이상기온 같은 빈번도가 많이 달라져서 국민들의 전기 소비패턴에 변화가 있었던 것 같습니다.

— 〈MBC 뉴스〉(2016. 8. 11)

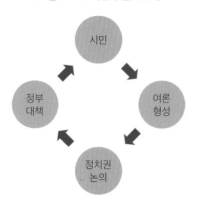

시민의 의견은 여론을 형성하고 정치권은 정부에 대책을 요구하고 정부는 대책을 마련한다. 정부대책의 효과는 다시 시민에게 돌아온다. 이를 정리하면 〈그림 19-9〉와 같다.

정치뉴스는 정치를 '권력'의 관점에서 바라보는 경향이 있다. 권력을 정치의 중심에 놓으면 국민은 사라진다. 정치를 정치역학(政治力學)으로 바라보면 권력투쟁으로 비칠 뿐이다. 정치는 공동체의 정의실현을 위해 존재한다. 유권자는 정치가 공공이익을 실현해 주기를 기대하며 대통령, 국회의원, 지방자치단체장을 선출하고 그들에게 권위를 부여한다.

하지만 공적 영역은 시장과 같이 실패의 위험을 안는다. 따라서 정치뉴스는 선출된 공직자가 올바로 권위를 행사하는지 감시하는 역할을 해야 한다. 예산이 제대로 쓰이는지, 비공식 조직이 권력을 농단하는지 감시해야 한다. 정치는 공공의 이익, 공(公)을 실천하는 일이다. 정치뉴스는 정치가 공을 실천하는지 눈을 크게 뜨고 잘 지켜봐야 한다.

4. 국제뉴스

방송사는 해외 여러 나라에 특파원을 파견한다. 해외 특파원은 해외에 주재하면서 현지에서 직접 취재하는 기자이다. 특파원은 아시아의 베이징, 선양, 도쿄, 방콕, 미국의 워싱턴, 뉴욕, 로스앤젤레스, 유럽의 파리, 런던 등지에 파견된다. 지역에 따라 순회특파원을 두거나 분쟁지역에 특파원을 파견하기도 한다.

특파원은 보통 취재와 방송경험이 풍부하고 현지 언어능력이 있는 10년 이상 경력의 기자를 선발한다. 특파원은 상당한 자율권을 가지고 뉴스를 선택해 취재, 보도한다. 사실보도에 중점을 두는 일반기자, 리포터와는 달리 일정부분 자신의 해석을 담은 리포트가 허용된다. 미국에서는 해외 특파원 외에 백악관, 의회, 국방부 등 주요한 출입처를 나가는 중견기자를 특파원으로 임명한다.

2015년 11월 13일 밤 프랑스 파리는 폭력과 죽음으로 얼룩졌다.

〈그림 19-10〉 프랑스 파리 테러 보도화면

테러범들은 파리 시내 7곳에서 동시 테러를 일으켜 130여 명이 숨지고 300명 이상이 부상했다. 테러 배후는 IS(Islamic State)이다.

앵커 멘트 이번 테러는 누구의 소행일까요. 올랑드 프랑스 대통령은 이번 테러의 배후로 이슬람 극단주의 테러단체인 IS를 지목했습니다. 조금 전에 IS는 직접 이번 테러가 자신들의 소행이라고 밝혔습니다. 박새암 기자입니다.

리포트 프랑수아 올랑드 프랑스 대통령은 조금 전 긴급 내각회의에서 테러의 배후로 IS를 지목했습니다.

발언〔올랑드(프랑스 대통령)〕 프랑스는 IS의 야만적 행각에 모든 수단과 방법으로 일말의 동정 없이 대처할 것입니다.

리포트 한 테러범은 프랑스가 시리아와 이라크 내 IS 공습에 개입한 게 잘못이라고 외친 것으로 알려졌습니다. …

앞서 지난 7월 IS 시리아 지부는 "파리의 거리가 시체로 뒤덮이게 할 것"이라며 테러를 선동하는 프랑스어 동영상을 게시한 바 있습니다. IS는 파리뿐만 아니라 런던의 빅 벤, 워싱턴 백악관까지 언급했습니다. 서방과의 전쟁이 최악으로 치닫는 분위기입니다.

― 〈MBC 뉴스〉(2015. 11. 14)

중동에서는 서양세계와 이슬람 간의 갈등이 지속된다. 아프가니스탄, 이라크에서는 미군의 주둔에 맞서 폭탄테러가 발생하는 등 치안불안 상태가 계속된다. 시리아에서는 2011년 이후 내전이 벌어졌다. 시리아와 이라크에 본거지를 둔 이슬람 과격단체 IS는 고대유물을 파괴하고 세계 곳곳에 테러를 일으킨다. 시리아 내전으로 400만 명의 난민이 발생했다. 100만 명이 넘는 난민이 지중해를 건너 육지를 가로질러 유럽으로 이주하면서 유럽의 정세를 변화시킨다.

이슬람과 서양세계의 갈등과 충돌은 오랜 역사적 뿌리를 가졌다. 양측은 8세기 이후 영토와 지중해 제해권, 무역로, 자원을 놓고 갈등을 빚었다. 종교 차이는 갈등을 증폭시켰다. 미국의 정치학자 헌팅턴(Huntington, 1993/1997)은 자신의 저서인 《문명의 충돌》(The Clash of Civilizations)에서 국가 사이의 무력충돌은 이념의 차이가 아닌, 문화와 종교의 차이 때문에 일어날 것이라고 예언했다. 그는 가장 강력한 대립은 이슬람 사회와 아시아 사회, 이슬람 사회와 서구사회에서 나타날 것이라고 말했다. 헌팅턴의 주장은 당시 많은 비판을 받기도 했으나 9·11 테러로 다시금 주목을 받았다.

중국은 인구 13억의 대국이다. 2015년 기준 중국의 국내 총생산 GDP는 10조 8천억 달러로 미국에 이어 세계 두 번째이다. 중국은 한국과 지리적으로 가깝고 경제면에서 제1의 교역국가이다. 북한을 둘러싼 외교, 국방 문제가 첨예하고 유커, 한류, 불법어로, 미세먼지 문제 등 여러 분야에서 얽혔다. 이 때문에 중국관련 뉴스는 중요한 비중을 차지한다.

중국경제는 한국경제와 직결된다. 한국의 전체 수출에서 중국의 비중은 25%를 차지한다. 미국 점유율 13%의 2배에 이른다. 중국은 2000년대 매년 10% 이상의 높은 성장률을 보이기도 했으나 과열성장의 폐해를 경험한 뒤 성장속도를 늦춘다. 2015년부터 성장률은 6%대로 떨어졌다. 중국경제의 움직임은 한국경제에 직접적 영향을 미친다. 현대경제연구원은 중국의 성장률이 1% 포인트 떨어지면 한국 성장률이 0.5% 포인트 떨어진다고 추산했다. 중국의 경제동향에 민감할 수밖에 없는 이유이다.

〈그림 19-11〉 중국경제 관련 뉴스보도 화면

앵커 멘트 지난해 중국경제가 6.9% 성장에 그쳤습니다. 이제 중국경제의 고성장 시대는 끝났다는 분석이 나오고 있습니다. 베이징에서 김진우 특파원입니다.

리포트 건설현장에서 매일매일 일자리를 찾아야 하는 쉬취성 씨는 오늘도 일을 구하지 못했습니다.

인터뷰〔쉬취성(중국 노동자)〕아무도 불러주지 않아 이렇게 길에 있습니다. 일거리가 지난해보다 없습니다.

리포트 건설경기와 제조업 거품이 꺼지면서 지난해 중국의 경제성장률은 6.9%를 기록했습니다. 2010년 10.4%였던 성장률이 5년 연속 하락하면서 7%선이 무너진 겁니다.

인터뷰〔왕바오안(중국 통계국장)〕2015년은 복잡한 국제정세와 세계경제의 하강압력에 직면해 어려운 상황이었습니다.

리포트 올해 성장률 전망치는 더 낮습니다. 6.3에서 6.8%, 5%대라는 비관적 전망도 있습니다.

— 〈KBS 뉴스〉(2016. 1. 19)

〈그림 19-12〉 중국 스모그 관련 보도화면

　겨울이면 중국 도시의 하늘을 검은 안개가 뒤덮는다. 공장 굴뚝, 자동차 매연에 석탄을 난방연료로 쓰면서 미세먼지가 더욱 심해진다. 중국의 미세먼지는 한반도에 직접적 영향을 미친다.

앵커 멘트 한반도에 접해있는 중국 동북지역이 측정이 불가능할 정도의 기록적인 스모그에 갇혔습니다. 스모그 공포는 베이징 등 인구 밀집지역으로 확산할 것으로 예상되는데, 우리도 걱정입니다. 우상욱 특파원입니다.
리포트 압록강과 접해있는 중국 랴오닝성의 성도 선양 시입니다. 가시거리가 50미터밖에 되지 않는 짙은 스모그가 사흘째 계속됐습니다.
인터뷰 〔선양 시민〕 마스크를 쓰지 않았다면 숨 쉬기도 힘들었을 거예요. (스모그 때문에) 목이 마르고 아픕니다.
리포트 동북 3성 대부분 지역의 초미세먼지 농도는 ㎥당 1천 μg으로 WHO 기준치의 50배를 넘었습니다. 대부분 갈탄을 이용하는 난방이 시작되면서 미세먼지가 급증했기 때문입니다.
　　　　　　　　　　　　　　　　　—〈SBS 뉴스〉(2015. 11. 10)

특파원 보도 외의 국제뉴스는 CNN과 해외통신을 인용해 보도한다. CNN 영상과 국제뉴스 영상은 연간계약을 맺고 사용한다. 뉴스기사는 AP, 로이터, AFP 등 국제통신사로부터 공급받는다.

국제뉴스는 정치, 외교, 안보, 경제, 과학, 사회뉴스와 연결된다. 이슈에 따라 특파원과 국내기자가 협력취재하는 경우도 있다. 초고속 통신망으로 세계가 하나로 연결되면서 국제뉴스의 중요성도 커진다.

연습문제

● 사회뉴스

1. 최근 한국에서 나타나는 사회갈등 사례를 찾아보고 갈등양상과 갈등원인에 대해 생각해 보자.

2. 쟁점에 관한 양측의 주장을 상호 비교해 보고 어떤 주장이 사실에 부합하는지를 토론해 보자.

● 경제뉴스

1. 신자유주의는 시장경제, 자유무역, 규제완화, 작고 강한 정부를 지향한다. 신자유주의가 가져온 긍정적 효과와 부작용에 관해 토론해 보자.

2. 4차 산업혁명으로 어떤 산업과 직업이 성장할지 예측해 보자.

• 정치뉴스

1. 독일의 사회학자 막스 베버(Max Weber)는 권력(*power*)을 "다른 사람의 뜻에 반해 자신의 의지를 관철시키는 가능성"이라고 정의했다. 그는 권력과 권위(*authority*)를 구분해 설명했다. 권력과 권위의 차이에 대해 토론해 보자.

2. 2017년 1월, 국회 합의에 따라 권력구조 개편을 위한 개헌특위가 출범했다. 헌법 개정이 필요한 이유에 관해 토론해 보자.

• 국제뉴스

1. 트럼프 미국 대통령이 현지시간으로 2017년 1월 20일 취임했다. 취임사를 분석해 미국의 대외정책에 관해 전망해 보자.

2. CNN, BBC 등 외국방송 홈페이지에 접속해 어떤 국제뉴스를 다루는지 보고 한국 언론의 국제뉴스와 어떤 차이가 있는지 비교해 보자.

20장

기획뉴스

1. 기획뉴스의 이해

리포트 어느 아파트 단지의 아침, 경비원 아저씨가 출근하는 주민들의 차량 흐름을 정리합니다. 단지 내 곳곳을 청소하는가 하면 냄새 나는 음식물 쓰레기통도 구석구석 깨끗이 씻어냅니다.

기자 "이 통을 다 닦으셔야 되는 거예요?"

인터뷰 〔경비원〕 겨울철에는 괜찮은데 여름철에는 파리도 끼고 냄새도 나고 그렇습니다. 그래서 통을 닦고 있습니다. …

리포트 서울 양천구의 한 아파트, 지난주 이 아파트 경비원 한 명이 입주자 대표에게 폭행을 당해 전치 3주의 상해를 입었습니다. 주민들에게 서명을 받아오라는 입주자대표의 지시를 따르지 않은 게 사건의 발단이었습니다.

인터뷰 〔김○○(동료 경비원)〕 '왜 회장이 지시했는데 안 받았느냐. 여기서는 회장 지시가 대통령보다 위다, 당신네들 나가고 싶으냐, 이번 달 월급 받고 싶으냐' 그 얘기까지 했어요.

—〈시사매거진 2580〉(2016. 7. 3.)

<그림 20-1> '나는 경비원입니다' 보도화면

리포트는 아침부터 밤까지 바쁘게 돌아가는 60대 경비원의 하루를 쫓아간다. 장면이 바뀌면서 주민 대표에게 폭행을 당한 다른 경비원의 이야기로 이어진다. 〈시사매거진 2580〉에 방송된 '나는 경비원입니다'의 일부이다. 이 리포트는 아파트 경비원의 일상을 조명해 인권침해와 고용불안 문제를 제기하고 해결책을 찾아가는 따뜻한 시선을 담았다. 기획뉴스는 기자의 아이디어로 발굴하는 기사이다. 일반뉴스에서 다루지 않은 새로운 소재를 다루고 같은 소재라도 새로운 시각으로 바라본다.

일반뉴스는 최신의 소식을 전하는 스폿뉴스(spot news)이다. 스폿뉴스는 사건이 일어난 뒤에 대응하는 수동적(reactive) 성격을 가졌다. 모든 언론사가 같은 사건, 주제를 다루기 때문에 차별성이 적다. 이와 달리 기획뉴스는 차별화된 소재를 다룬다. 새로운 소재와 심층취재로 시청자의 정보욕구를 채워줄 수 있다. 기획뉴스는 사람 사는 이야기에서 사회고발까지 다양한 영역에 걸쳤다. 기획뉴스는 소프트뉴스(*soft news*)가 많은 편이다. 최근에는 하드뉴스(*hard news*)도 소프트하게 다루면서 하드뉴스와 소프트뉴스의 구분은 희미해진다.

일반뉴스 리포트가 1분 30초 내외인 데 비해 기획뉴스는 2~3분 내외이다. 뉴스매거진 프로그램 〈시사매거진 2580〉, 〈취재파일 K〉, 〈뉴스토리〉는 한 아이템의 길이가 12분 내외이다. 시사제작 PD가 제작하는 〈추적 60분〉, 〈PD 수첩〉, 〈그것이 알고 싶다〉의 한 아이템 길이는 30~50분 정도이다.

2. 기획뉴스의 유형

기획뉴스는 미국, 영국에서는 피처 스토리(*feature story*)라 불린다. 피처(*feature*)는 사람의 얼굴이다. 피처 스토리는 뉴스를 인간적 모습으로 보여주고, 컬러를 입히고, 교육하고, 흥미롭게 하고, 새롭게 조명하는 뉴스이다. 《뉴스 기사쓰기와 리포팅》에서는 피처 스토리를 인물탐구와 인간흥미 스토리, 트렌드 스토리, 심층 스토리, 배경분석으로 나누었다(Itule & Anderson, 2008).

1) 인물탐구

인물탐구(*personal profiles*)는 화제의 인물을 주제로 집중보도하는 유형이다. 인터뷰와 관찰, 창조적 글쓰기를 통해 인물을 생생하게 묘사한다. 사람들은 다른 사람의 이야기를 읽기 좋아한다. 인물기사는 인기 있는 기획기사이다. 일본에 유출된 한국 유물을 사들여 보존한 재일동포의 이야기, 귀농에 도전하는 사람, 커피 트럭을 몰고 전국을 떠도는 사람의 이야기 등이 인물탐구이다.

2) 인간흥미 스토리

인간흥미를 다루는 뉴스(*human interest stories*)는 대상의 특별함, 실용성, 감정, 흥미로움을 보여준다. 낡은 집을 도서관, 펜션으로 재건하는 사람, 취미에 빠져 사는 사람, 동물 이야기 등을 찾아간다.

3) 트렌드 스토리

트렌드 스토리(*trend stories*)는 최신 패션, 은어, 혼자 밥 먹는 사람들, 부활하는 아날로그와 같이 새로운 유행, 경향을 보여주는 기사이다. 사람들은 최근의 트렌드와 유행에 흥미를 느끼기 때문에 인기가 있다.

4) 심층 스토리

심층 스토리(*in-depth stories*)는 하나의 주제를 깊이 파고드는 뉴스이다. 심층취재를 맡으면 일상적 취재에서 벗어나 주제에 대해 연구조사하고 기사작성에 많은 시간을 투자한다. 탐사보도는 심층보도의 한 사례이다. 탐사보도는 특별한 기자만 취재할 수 있는 영역은 아니다. 모든 뉴스가 탐사보도의 성격을 가졌다. 탐사보도가 더 많은 노력을 들여 더 깊이 들여다볼 뿐이다.

5) 배경분석

배경분석(*backgrounders: an analysis piece*)은 시사문제의 배경을 자세히 분석하는 유형이다. 시청자에게 최근 소식을 전달하면서 어떻게 현재에 이르게 됐나를 설명한다. 가습기 살균제 문제 발생에서 현재까지 5년간을 추적하거나 외주업체 직원의 죽음을 계기로 외주업체의 문제를 분석하는 뉴스를 들 수 있다.

3. 발굴기사

기획뉴스와 비슷한 개념으로 엔터프라이즈 리포팅(*enterprise reporting*), 엔터프라이즈 저널리즘(*enterprise journalism*)이 있다. 기자가 독자적으로 찾아낸 '발굴기사'를 말한다. 기자는 출입처에서 취재원이 제공하는 정보로 보도하다가 경험이 쌓이면 독자적으로 취재해 뉴스를 보도한다.

미국 미네소타대학 교수 한센(Hansen, 1991)은 출입처에 매달리지 않는 취재원의 다양성을 발굴기사의 특징으로 꼽았다. 한센은 "퓰리처상이나 다른 저널리즘 상을 수상한 신문기사들은 공식 또는 정부 소식통을 취재원으로 한 기사가 적은 편이다. 메이저 신문의 정규뉴스의 경우 62~80%의 기사가 정부의 공식자료를 인용한 반면 퓰리처상을 수상한 발굴기사는 37%만 정부자료를 인용한 것으로 조사됐다"고 밝혔다.

발굴기사 가운데 감춰진 부정을 폭로하는 보도가 탐사보도이다. 탐사보도는 세상에 알려지지 않은 문제를 기자가 독자적으로 추적하고 분석해 공개하고 고발하는 일이다. 〈뉴욕타임스〉의 국방부 문서공개나 〈워싱턴포스트〉의 워터게이트 특종이 대표적이다. 탐사보도를 하기 위해서는 강한 사명감과 용기, 과학적 사고와 판단력이 요구된다.

4. 기획뉴스 소재 찾기

기획뉴스는 일반뉴스와 마찬가지로 중요한 이슈, 생활과 관련성이 높은 이야기, 인간적 흥미를 끄는 이야기가 우선 대상이 된다. 다만 기획뉴스는 반드시 시의성 있는 이야기, 유명한 사람의 이야기만 소재로 삼지 않는다. 시의성이 다소 떨어지더라도 새로운 시각에서 접근하고 심층분석하는 방법을 택한다. 또한 평범한 사람의 이야기에서 새롭고 창의적 소재를 발굴한다.

기획뉴스 제작에는 기자의 시각과 노력이 중요하다. 기자의 창의성, 자율성을 존중해야 좋은 기획기사가 나올 수 있다. 기자는 뉴스 소재를 선정해 사전취재를 하고 데스크와 논의를 거쳐 아이템을 확정한다. 50분간 방송되는 뉴스매거진 프로그램에서는 평균 3개 아이템이 방송된다. 2개 아이템은 비리나 문제를 파헤치는 심층보도물이고 1개 아이템은 인간 스토리, 트렌드, 문화, 과학에 관련된 뉴스이다. 〈표 20-1〉은 2016년 1월부터 7월까지 〈취재파일 K〉, 〈시사매거진 2580〉에서 다룬 소재를 정리한 것이다. 이를 분석해 보면 비리, 범죄, 주거관련 문제, 소비자 피해, 하청업체 문제 등 사회문제가 가장 많았고 사회약자와 소외계층 문제, 환경과 건강, 과학, 문화, 정치와 국제문제가 비슷한 비율을 보였다.

〈표 20-1〉〈취재파일 K〉와 〈시사매거진 2580〉의 뉴스소재 일람

(방송기간: 2016년 1~7월)

아이템 구분	소재
비리, 범죄	회장의 먹튀, 이상한 명상학원, 시민단체의 이상한 거래, 공포의 공장, 이상한 회계장부, 테마파크 비리, 병원 감염, 요양원 문제, SAT문제 유출, 축구교실 문제, 범인 잡은 주부 피해, 면세품 불법유통, 위조감정, 거액의 수임료, 현금영수증 탈세, 섬마을 교사, 김 검사의 죽음, 분노범죄, 전자발찌
주거 문제	쓰레기처리 예산낭비, 이웃 공사로 피해, 추가 분담금, 세입자에 부담, 입주자 대표, 난방비 문제, 층간소음, 조경수 부실, 결로현상
소비자 피해	위험한 운전대, 유커 바가지, 연금보험, 전기요금 폭리, 조종사학원 문제, 대입 컨설팅, '천연' 과장광고, 임플란트 거품, 외제차부품 문제
기업, 하청업체, 비정규직 문제	대기업의 폐가전업 진출, 대우조선 부실, 택배회사 직원의 죽음, 적자기업에 '존경받는 기업상', 전세버스 기사의 죽음, 하청업체에 바가지, 돈 못 받는 하청업체, 심야 대리전쟁, 경비원 인권, 위험한 외주, 폐업하는 편의점, 다단계 피해, 고압선 공사 하청문제, 운전기사, 택배기사의 설움
사회 현안	청년실업, 김영란법 이후, 찌라시, 중국어선, 학교교사의 괴로움
여성, 노인, 어린이, 소외된 이웃	불법입양, 결혼 피해, 재혼가정, 결혼 퇴사강요, 아동학대, 가출, 소록도, 여성 스토킹, 해외입양아, 양로원 문제, 장애인 고용
환경, 건강	빛 공해, 학교 오염, 마블링, 이른둥이, 지카바이러스, 슈퍼 푸드, 스티로폼 공해, 화학물질 공포, 구제역, 사라지는 낙지, 치매, 재선충, 미세먼지
정보, 과학기술	인공지능, 가상현실, 스마트폰 스트레스, 스팸 문자, 우주개발, 해킹, 불의 고리, 복제견, 아이언 맨, 컴퓨터 그래픽, 잊힐 권리
정치, 국제	금배지, 사드 배치, 트럼프 발언, 다케시마의 날, 브렉시트(Brexit), 북한 수소탄, 북한 미사일, 북한 외화, 북한 SLBM
문화, 스포츠	대학로 공연 콤비, 빈집의 변신, 폐교 활용, 백년 식당, 봉주르 마을, 유커 몰려온다, 신한류, 그림 대작, 그림 위조, 재건축 마을, 죽음 문화, 텅 빈 만원 공연, 팬들의 힘, 한일 해녀 경쟁, 아버지의 자리, 리우 올림픽
트렌드, 인간스토리	혼자가 편하다, 컨테이너 집, 중년의 쉼표, 30~40대의 실종, 지진현장의 사람들, 박태환 사죄 이후, 혼혈 스포츠인, 소방관의 눈물

미국 CBS의 〈식스티 미니츠〉 프로그램은 뉴스매거진의 전형으로 꼽힌다. 이 프로그램은 1968년 처음 방영해 2013년까지 103개의 에미상(Emmy Awards)을 수상했다. 미국 내에서 가장 성공한 TV프로그램 중 하나로 평가된다. 〈식스티 미니츠〉는 60분 동안 3개의 소재를 방송한다. CBS 홈페이지에는 프로그램을 뉴스메이커, 정치, 경제, 건강과 과학, 연예, 자연, 스포츠, 클래식의 8개 토픽으로 분류했다.

한국의 뉴스매거진은 사회고발 아이템의 비중이 높은 편이다.

〈표 20-2〉〈식스티 미니츠〉의 뉴스소재 일람

(방송기간: 2015~2016년 8월)

토픽	아이템
뉴스메이커	자동차 레이서, 홀로코스트 희생자, 탄자니아 아이들 마을, 억울한 수감자, 니스 테러, FBI수사관, 사형수 이야기, 마약왕 체포사건, 911 문서, 스마트 건, 버뮤다 침몰, 마약 전쟁, CIA국장 인터뷰, 미 육군 보너스 횡령사건
정치	대통령 선거 후보들 · 대통령 · 부통령 · 하원의장 인터뷰, 세금 환급 부정, 재향군인회 개혁, FBI국장, 케네디 주일 대사, 국토안보부 장관, 엉뚱한 사망자
경제	스마트폰 결제, 가짜 그림 판매, 핀테크, 주식 내부거래, 중국 영화산업, 스타 건축가, 마피아의 농산물 거래, 애플의 미래, 자율주행 자동차
건강, 과학	헤로인 중독, 오클라호마 지진대, 죽음 도우미, 얼굴 못 알아보는 증세, 방사선 가속기, 미국의 물속 세계, 정신과 치료비 문제, 유전자 조작, 암 치료제 부작용
연예	발레 안무가, 사진가, 영화배우, 영화감독, 재즈 연주자, 영화제작하는 영화배우
자연	보노보 원숭이, 그린란드가 녹는다, 미국의 산사자들, 사자와의 대화, 동물원 동물을 야생으로, 개의 지능은?
스포츠	골프 선수 버바 왓슨, 아이거의 익스트림 스포츠, 미식축구의 안전과 과학, FIFA부패, 러시아 선수 약물문제, 중국 여자 테니스 선수, 크로스핏
클래식	희귀 딱따구리의 귀환, 총기사망자 부모 게임업체 고소, 방사능 폐기물 문제, 특수교육 비용, '최후의 심판' 복원, 에베레스트 지진 악몽, 저온 수술, 인디언 부족의 부활, 코끼리 연구, AIDS 여름 캠프, 프랑스 파리의 세금 문제

절반 정도가 범죄, 비리, 하청업체, 비정규직, 주거, 소비자 피해, 소외된 이웃 등 사회분야 뉴스이다. 나머지가 환경, 과학, 기술, 문화, 인간스토리, 정치, 국제문제이다. 반면 〈식스티 미니츠〉는 사회현안과 정치, 경제, 건강, 과학, 연예, 자연, 스포츠, 문화 등 다양한 토픽을 다룬다. 고위 정치인사, 관료, 해외뉴스를 많이 다루는 것은 한국과의 대표적 차이점이다. 이슈보다 사람 이야기가 많은 것도 또 다른 특징이다.

5. 기획뉴스의 구성

기획뉴스는 뉴스주제에 따라 다양한 구성을 갖는다. 인물탐구 유형은 내러티브와 인터뷰로 구성되고 심층 스토리와 배경분석 유형은 심층보도 형태로 구성된다. 인간흥미 스토리와 트렌드 스토리는 다루는 주제에 따라 구성이 달라진다.

1) 인물탐구 유형

인물탐구는 한 인물의 삶을 축소한 미니드라마다. 주인공의 일상을 따라가며 영상을 촬영하고 인터뷰를 한다. 영상과 인터뷰를 통해 그가 누구이고 어떻게 살아가는지를 보여준다. 자신만의 방식으로 현실의 어려움을 딛고 삶을 개척하는 사람들의 이야기는 언제나 흥미로운 소재이다.

　2016년 6월 방송된 〈뉴스토리〉는 4년째 커피 트럭을 타고 전국

〈그림 20-2〉 '길 위의 인생, 여행생활자 이담 씨' 보도화면

을 유랑하는 바리스타의 이야기를 다뤘다. 주인공은 트럭을 타고 전국을 떠도는 고단한 삶을 산다. 그가 가진 것은 100만 원 남짓한 돈과 낡은 트럭뿐이지만 자신이 좋아하는 커피를 만들며 세상을 여행하고 사람들과 대화를 나누는 데서 행복을 느낀다고 말한다.

인터뷰〔이담(51살, 여행생활자)〕움직이며 사는 거냐, 거점을 갖고 사는 거냐, 이게 중요한 게 아니라 어떤 삶이든 자기가 스스로 만족할 수 있으면 그러면 그게 더 맞는 삶이 아닐까.
리포트 늘 커피 한 잔으로 하루를 시작하는 이담 씨.
인터뷰〔이담〕아침에 커피를 좀 마시려고요. 내리고 있는 중이에요.
리포트 바리스타인 그는 전국을 떠돌며 살아가는 여행생활자입니다. 오늘은 이틀간 머물렀던 안면도를 떠나는 날. 이담 씨가 길 떠날 준비를 합니다.
기자 짐들이 많네요.
인터뷰〔이담〕가끔 가다가는 차에서도 자고요. 야영도 하고 집을 옮겨 다니는 거랑 비슷해서.

—〈뉴스토리〉(2016. 6. 4)

문장은 짧고 화려한 수식어도 없다. 영상과 내레이션은 담담하게 주인공의 움직임을 따라간다. 그 안에 세상을 넉넉한 마음으로 살아가는 사람의 모습이 보인다. 뉴스는 때로 휴식과 위안을 준다.

2) 배경분석, 트렌드, 인간흥미 유형

2016년 3월에 열린 천재 바둑기사 이세돌과 인공지능 '알파고'의 바둑대결은 세계인의 이목을 집중시켰다. 국내 바둑계에서는 인공지능의 도전에 반신반의하면서도 내심 이세돌의 5 대 0 승리를 점쳤다. 결과는 예상을 완전히 빗나갔다. 이세돌은 내리 세 판을 패했다. 제4국에서 '신의 한 수'로 가까스로 인간의 위신을 지켰다.

사람들의 관심은 온통 인공지능에 쏠렸다. 인공지능의 정체는 무엇인가? 인공지능이 발달한다면 세상은 어떻게 변할 것인가? 방송에는 인공지능의 비밀을 풀기 위한 기획뉴스가 쏟아졌다. 인공지능에 관한 리포트는 3개 단락으로 나눌 수 있다. 알파고의 현재, 과거, 미래이다.

- 이세돌과 알파고의 바둑대결 분석 (현상분석)
- 알파고의 비밀 (배경분석)
- 인공지능의 현재와 미래 (미래전망)

리포트의 핵심은 알파고의 비밀, 인공지능이 어떤 구조로 이뤄졌는지를 밝히는 부분이다.

리포트 세계 최고 수준의 이세돌과 승패를 주고받는 수준에까지 이른

알파고의 능력은 어디서 온 것일까? 전문가들은 인공지능 '알파고' 능력의 원천은 '딥러닝'이라는 학습방식이라고 입을 모읍니다. 기존의 인공지능이 원리를 가르쳐주고 문제를 해결하게 하는 것이었다면 딥러닝은 수많은 문제를 풀게 해서 스스로 패턴이나 구조를 파악할 수 있게 하는 방식입니다.

인터뷰〔박희준(연세대 정보산업공학과 교수)〕자가학습이라고 보면 돼요. 주어진 틀(정보와 규칙) 속에 갇혀 있지 않고 기계 스스로 필요한 데이터가 있으면 그 데이터를 취하고 새로운 것을 배우게 되고 배운 것을 통해서 스스로가 가진 규칙들을 계속 발전시켜나가서 진화하는 거죠.

— 〈취재파일 K〉(2016. 3. 13)

알파고 이야기는 최신 뉴스의 배경을 설명하는 배경분석 리포트 성격을 가졌다. 일반뉴스에서 다루지 않은 알파고에 관한 자세한 정보를 담아 시청자에게 흥미로운 배경지식과 교양을 제공한다.

3) 뉴스매거진 심층보도

뉴스매거진의 심층보도는 메인뉴스의 심층보도와 같은 구성을 가졌다. 뉴스매거진의 다른 점은 리포트 길이가 길고 더 철저한 검증 작업을 벌인다는 점이다. 심층보도를 하려면 사전에 치밀한 계획을 세우는 것이 중요하다. 〈뉴스매거진 2580〉에 초기부터 참여했던 임흥식(2014)은 《방송뉴스 기사쓰기》에서 기획뉴스 기획절차를 다음과 같이 4단계로 분류했다.

① 아이디어 생성 단계: 문제를 발견하고 리포트를 구상한다.

②사전 취재 단계: 중요한 사실을 확인해 리포트 제작을 준비한다.
③보고 단계: 데스크와 상의해 리포트 취재, 제작 방향을 정한다.
④내용과 구성안: 구체적 취재 대상과 리포트 구성 설계를 한다.

여기서는 아파트 방화문의 문제를 심층취재한 리포트 '불타는 방화문'의 사례로 기획과 제작과정을 살펴보자.

(1) 아이디어 생성
2015년 1월 경기도 의정부의 한 아파트에서 화재사건이 일어났다. 화염으로부터 1시간을 막을 수 있다는 방화문이 있었지만 아무런 역할을 하지 못했다. 5명의 인명이 희생됐다. 이 사건을 계기로 아파트 방화문의 안전성을 점검했다.

(2) 사전 취재와 사례 찾기
부실한 방화문은 한 아파트만의 문제가 아닐 수 있다. 다른 아파트의 방화문 부실 사례 또는 방화문과 관련해 분쟁을 벌이는 사례를 찾아본다. '불타는 방화문'을 취재한 장인수 기자는 제보가 결정적 역할을 했다고 밝혔다. 문제의 아파트를 찾았다면 방화문 성능을 시험할 수 있는 시험기관을 섭외한다. 사전취재에서 어느 정도 윤곽이 잡히면 취재를 준비한다.

(3) 보고 단계
데스크에 취재계획을 보고하고 취재, 제작 방향을 결정한다. 취재 내용 못지않게 취재인력과 타이밍도 중요하다. 사전에 데스크와 상의해 대략적 취재계획과 방송일정을 정한다.

(4) 구성안 작성

구성안은 리포트의 설계도라 할 수 있다. 어디에서 무엇을 취재하고 누구를 인터뷰하고 리포트 내용을 어떻게 구성할지 미리 구상한다. 리포트 구성은 심층보도의 구성 순서와 비슷하다.

- 실태: 의정부 화재사건 인명피해, 다른 아파트 방화문 성능시험.
- 불합격 원인: 유리섬유 대신 다른 물질 충전.
- 문제점: 건설업체의 저가 하청문제, 품질검사문제.
- 문제해결: 법적 소송, 방화문 관련제도 개선.

(5) 취재 및 보도

'불타는 방화문'의 하이라이트는 방화문 연소시험이다. 기자는 방화문의 부실실태와 원인을 분석하기 위해 방화문 연소시험을 참관했다. 성능시험은 사실을 검증하는 데 가장 좋은 과학적 방법이다. '불타는 방화문'의 일부를 살펴보자.

〈그림 20-3〉 불량 방화문 실태 보도화면

리포트 지난 4일 경기도 화성의 건설기술연구원 화재안전센터. 주민들이 의뢰한 방화문 시험을 〈2580〉이 참관했습니다. …

화로에 열을 가한 지 7분 만에 ○○건설의 방화문은 문이 심하게 뒤틀리면서 틈이 벌어져 불합격했습니다. 이로부터 4분 뒤엔 ××건설 방화문도 역시 틈이 벌어져 불합격했습니다. 불타던 손잡이는 30분 만에 떨어져 버립니다. …

수도권의 한 아파트, 준공 도면에서 방화문 시방서를 확인해 봤습니다. 철판두께는 1밀리미터, 문 속의 충전재는 불에 타지 않는 유리섬유라고 되어있습니다. 방화문을 뜯어 철판 두께를 재봤습니다. 0.7밀리미터입니다. 도면보다 얇은 철판을 사용한 겁니다. 내시경으로 문 속을 들여다봤습니다. 유리섬유가 아니라 종이로 채워져 있습니다. 손으로 잡아당겼더니 쉽게 찢어지고 라이터를 갖다 댔더니 단 1초 만에 불이 옮겨 붙습니다.

—〈시사매거진 2580〉(2015. 11. 8)

불량 방화문의 실태와 원인을 과학적 시험과 자재 분석을 통해 검증했다. 또한 불량 방화문이 나타난 근본원인이 건설업체의 저가 하청과 제도 부실 때문이라는 점을 밝혀냈다. 시사매거진의 심층보도는 일반뉴스에서 다루지 않은 이슈를 깊이 조명해 사회문제 해결에 기여했다는 평가를 받는다.

4) 탐사보도의 구성

탐사보도는 심층보도의 한 유형이다. 다른 점은 밖에 드러난 것을 취재하는 것이 아니라 안에 깊이 감춰진 비리와 문제점을 파헤치는 보도이다. 일반적 방법으로는 취재가 불가능하다. 수사관과 같은 취재기법이 필요하다.

탐사보도를 할 때는 현장에서 며칠씩 잠복하고 때로는 추적조사를 벌인다. 비밀 유통조직을 취재하려면 상당한 제보와 잠복취재가 필요하다. 보따리상이 어느 면세점을 주로 이용하고 어느 시간에 활동하는지 사전에 면밀히 체크해야 하고, 사람과 자동차를 추적하려면 위험이 따른다. 유통조직의 사무실 안으로 들어가는 현장취재가 또 하나의 관문이다.

다음 예시는 끈질긴 추적 끝에 면세품 화장품 불법유통의 현장을 취재하는 데 성공한 리포트이다.

리포트 하루 종일 세 곳의 면세점을 돌면서 화장품 수백 박스를 사들인 이들을 끝까지 따라가 봤습니다. 한참을 달려 이들이 도착한 곳은, 서울 동대문구에 있는 한 상가 건물입니다. 건물 관계자는 이들이 매일같이 대량의 화장품을 사들였다고 말합니다.
녹취〔건물 관계자(음성변조)〕 매일 탁송해. 엄청 날라요, 화장품.
리포트 사무실에 들어가 봤습니다. 미처 풀지 못한 면세점 쇼핑백 더미와 화장품들이 쌓여 있습니다. 수백 개는 택배 박스에 다시 포장 중입니다. 업체는 여행사였습니다. 여행객이 아닌, 중국 보따리상을 데리고 다니면서 면세화장품을 구매한 것이라고 털어 놓습니다.
녹취〔업체 관계자(음성변조)〕 작년 메르스 있죠. 여행사가 다 죽어가요. 관광객도 없고. 우리가 손님을 데려가서 쇼핑을 했으니까 면세점에서 어느 정도 우리한테 인센티브 같은 게 있어요. 왜 (이 일을 하기로) 결정을 했냐면 다 하니까. 수많은 사람이 하고 있으니까.
리포트 이런 방식으로 한국의 면세 화장품이 중국시장으로 흘러 들어가면 유통질서가 무너져 결국 국내 화장품산업에 피해로 돌아옵니다.
—〈취재파일 K〉(2016. 2. 21)

<그림 20-4> 면세화장품 불법유통 실태 보도화면

　탐사보도 기자는 수사관처럼 취재대상을 추적해 실체를 찾아낸
다. 취재가 단번에 성공하는 것은 아니다. 끈질기게 도전하는 끈기
와 난관을 돌파하는 용기가 필요하다. 영국의 저널리스트 랜달
(Randall, 2011)은 기자의 임무를 다음과 같이 제시했다.

　루머와 의혹이 있는 곳에 정보를 제공해야 한다. 정부의 통제를 피하
거나 저항하여 시민에게 정보를 전하고 힘을 실어주어야 한다. 정부,
선출직 공무원, 공공 부문의 행동과 태만을 자세히 관찰해야 한다. 기
업이 노동자, 고객, 제품의 품질을 어떻게 관리하는지를 관찰한다.
정의가 없는 곳에 탐사보도를 통해 정의가 실현되도록 한다. 아이디
어의 자유로운 소통을 북돋아야 한다.

1. 주위에 사회봉사를 하는 사람을 찾아 봉사활동 현장을 취재하고 인터뷰를 통해 봉사를 시작한 계기와 현실적 어려움, 보람은 무엇인지 인간 스토리를 구성해 보자.

2. 10대, 20대의 스마트폰 채팅, 문자 메시지에는 이해하기 어려운 약어, 은어가 많이 돌아다닌다. 대표적 약어, 은어는 무엇이고 의미는 무엇인지, 왜 쓰는지를 살펴보자.

3. 3명씩 팀을 이뤄 부정·비리가 의심되는 문제에 관해 사전조사를 하고 문제의 실체를 밝히는 리포트를 제작해 보자.

21장

TV 뉴스의 현재와 미래

1. 뉴스신뢰도와 저널리즘

뉴스를 취재, 보도하면서 기자는 많은 상념에 부딪힌다. 자신은 무엇 때문에 기자 일을 하는가? 자신이 보도한 뉴스는 가치 있는 기사인가? 자신은 옳은 길로 가는가? 자신이 보도한 뉴스는 시청자에게 유익한 것인가? 스스로 회의하고 자신을 되돌아본다.

언론은 얼마나 신뢰받는가? 매체별 신뢰도 조사(한국언론진흥재단, 2016a)에 따르면 지상파 TV방송의 신뢰도는 4.15로 높게 나타났고 종합편성채널이 3.85, 전국종합신문이 3.83으로 조사됐다. 또한 로이터 디지털 뉴스리포트(Reuters Digital News Report)와의 합동조사(한국언론진흥재단, 2016b)에서는 한국인의 뉴스신뢰도가 조사대상 25개 나라 중 22위로 조사됐다. "대부분의 뉴스를 거의 항상 신뢰할 수 있다"는 문항에서 한국은 5점 만점에 2.89점으로 프랑스(2.86)나 미국(2.85), 그리스(2.65)와 함께 하위권에 속했다.

한국 미디어가 정치적 영향으로부터 자유로우냐는 질문에 응답

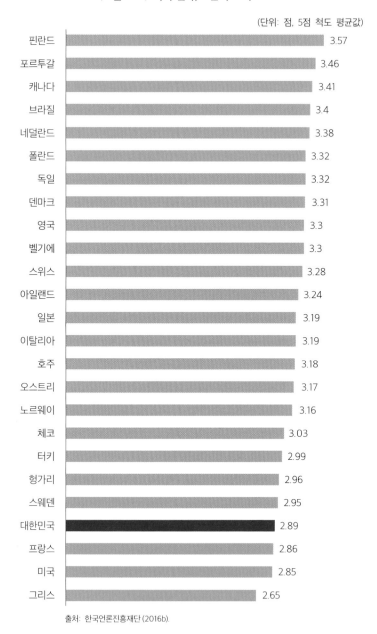

〈그림 21-1〉 국가 간 뉴스신뢰도 비교

(단위: 점, 5점 척도 평균값)

국가	값
핀란드	3.57
포르투갈	3.46
캐나다	3.41
브라질	3.4
네덜란드	3.38
폴란드	3.32
독일	3.32
덴마크	3.31
영국	3.3
벨기에	3.3
스위스	3.28
아일랜드	3.24
일본	3.19
이탈리아	3.19
호주	3.18
오스트리	3.17
노르웨이	3.16
체코	3.03
터키	2.99
헝가리	2.96
스웨덴	2.95
대한민국	2.89
프랑스	2.86
미국	2.85
그리스	2.65

출처: 한국언론진흥재단 (2016b).

자의 14%, 기업 영향으로부터 자유로우냐는 질문에 13%만 그렇다고 답했다. 로이터 디지털 리포트는 과거부터 한국인의 언론기관과 언론인에 대한 신뢰도가 높지 않았다고 설명했다. 특히, 세월호 사고와 중동 메르스 사태 때 잘못된 정보가 신뢰도에 영향을 준 것으로 보인다고 해석했다(Reuters Institute, 2016).

현직 방송기자는 뉴스에 대해 어떤 평가를 내릴까? 방송기자 모임인 방송기자연합회는 《방송뉴스 바로 하기》에서 방송저널리즘의 7가지 문제를 지적했다(심석태·김호성·김재용·정필모·최문호·임

〈표 21-1〉 뉴스미디어 신뢰도 조사자료

(단위: 점, 5점 척도 평균값)

	전체	신문 이용자	고정형 인터넷 뉴스 이용자	이동형 인터넷 뉴스 이용자	TV 뉴스 이용자	라디오 뉴스 이용자	잡지 뉴스 이용자	소셜 미디어 뉴스 이용자	모바일 앱 뉴스 이용자
사례 수(명)	5,062	1,284	2,014	3,310	4,359	483	31	958	1,603
전국종합신문	3.83	3.94	3.79	3.81	3.85	3.73	3.44	3.77	3.78
지역종합일간신문	3.52	3.53	3.46	3.49	3.53	3.39	3.17	3.43	3.48
지역종합주간신문	3.47	3.50	3.41	3.45	3.49	3.40	3.20	3.38	3.42
경제신문/전문신문	3.72	3.83	3.72	3.73	3.73	3.79	3.55	3.72	3.70
뉴스통신사	3.71	3.76	3.64	3.72	3.72	3.67	3.68	3.66	3.65
지상파 TV방송	4.15	4.19	4.02	4.09	4.19	4.19	3.91	4.06	4.03
종합편성채널	3.85	3.88	3.80	3.84	3.88	3.92	3.43	3.84	3.83
보도전문채널	3.83	3.86	3.81	3.83	3.85	3.86	3.60	3.84	3.80
라디오 방송	3.58	3.58	3.51	3.56	3.59	3.87	3.46	3.56	3.49
시사잡지	3.37	3.37	3.35	3.40	3.38	3.29	3.49	3.56	3.35
언론사닷컴	3.36	3.36	3.36	3.40	3.36	3.29	3.42	3.38	3.36
인터넷신문	3.37	3.33	3.41	3.43	3.37	3.36	3.63	3.43	3.40
포털 뉴스	3.57	3.51	3.66	3.70	3.57	3.48	3.46	3.70	3.69
소셜미디어	3.25	3.18	3.31	3.34	3.25	3.11	3.29	3.42	3.31
언론 전반	3.51	3.51	3.50	3.53	3.52	3.47	3.26	3.55	3.50

출처: 한국언론진흥재단(2016a).

장혁·강형철·윤태진·이민규·임대근, 2014).

- 사실관계의 확인 부족
- 정치적 편향
- 광고주 편향
- 출입처 동화
- 자사 이기주의
- 시청률 집착
- 관습적 기사작성

미국 언론도 신뢰도 하락 때문에 고민에 빠졌다. 미국 신문은 1998년부터 5년 계획으로 공정성 개선을 위한 '자유 언론/공정 언론'(The Freedom Forum's Free Press/Fair Press) 프로젝트를 시작했다. 포인터연구소의 하이먼(Haiman, 2000)은 공정성 연구작업의 하나로 《신문 저널리스트를 위한 모범사례》(Best Practices for Newspaper Journalists)를 냈다. 하이먼은 이 책에서 〈표 21-2〉와 같이 불공정 사례와 모범사례(best practices)를 제시했다. 하이먼이 제시한 불공정사례는 뉴스현장에서 흔하게 부딪히지만 해결책을 찾기 어려운 문제이다. 저서에 나타난 모범사례는 미국 신문이 신뢰를 회복하기 위해 얼마나 고심하는가를 보여준다.

인터넷 뉴스와 24시간 뉴스케이블 TV의 확산은 미디어의 신뢰성을 위협하는 또 다른 요소이다. 코바치와 로젠스틸(Kovach & Rosenstiel, 2010)은 《저널리즘의 기본 원칙》의 후속 저서인 《모호함》(Blur)에서 다음의 세 가지 문제점을 지적하며 인터넷과 케이블 TV를 강하게 비판했다.

첫 번째 문제는 주장 저널리즘(journalism of assertion)이다. 24시간 뉴스를 전달하는 CNN과 인터넷 뉴스의 등장에 따라 뉴스는 속도와 기술이 중요해졌다. CNN은 60%가 생방송이다. 미국 네트워크 방송사의 뉴스는 10%만 생방송이다. 24시간 뉴스는 확인을 기다리지 않고 가능한 한 정보를 빨리 내보내는 것을 중요하게 여긴다. 그러다 보면 확인되지 않은 가설이 그대로 전달된다. 저자들은 "조지 W. 부시 대통령이 이라크가 대량살상무기를 개발한다고 주장했을 때 대부분의 미국 언론은 전쟁을 지지하는 정치적 분위기 속에서 그러한 주장에 도전하지 못했다"고 비판했다.

〈표 21-2〉 저널리스트를 위한 모범사례

불공정 사례	모범사례
사실 오류	〈시카고트리뷴〉(The Chicago Tribune): 외부기관에 오류 추적을 의뢰한다.
정정보도 거부	잘못된 부분뿐만 아니라 오해될 수 있는 뉘앙스도 정정한다.
익명보도	AP 통신: 3가지 테스트를 통과해야 익명보도를 인정한다. • 사실 관련 정보일 것 • 익명 아니면 기사가 불가능한 사안 • 정확한 정보일 것
기자의 이해 부족	〈산 호세 머큐리 뉴스〉(The San Jose Mercury News): 전문기술에 관한 기사는 기사 일부를 취재원에게 보내 미리 읽어보도록 한다 (정치인, 기업인의 공개발언 제외).
약자에 가혹	• 갑자기 사고를 당한 일반 시민은 정치인과 다르게 대해야 한다. • 어린이는 특별 보호대상이 돼야 한다.
나쁜 뉴스에 집중	〈오레고니안〉(The Oregonian): 범죄 취재에 시니어기자 배치, 범죄 트렌드 분석, 범죄 이외 사회문제 보도 등의 원칙을 따른다.
다양성 부족	소수인종, 소수민족, 소수계층 고용 노력, 시민과의 대화
뉴스편향	〈워싱턴포스트〉(The Washington Post) • 사건 보도 첫날은 해설, 사설 없이 단순한 사실만 다룬다. • 하나에 집중한다(one clean shot).
성급한 결론	미리 예단하지 않는다. 처음으로 돌아가 다시 분석한다.

출처: 하이먼(Haiman, 2000).

두 번째 문제는 긍정 저널리즘(*journalism of affirmation*)이다. 긍정 저널리즘은 어느 한쪽을 일방적으로 편드는 뉴스, 시사 프로그램을 말한다. 사실보다 의견, 정파적 주장을 전한다. 그 주장에 동조하는 시청자는 지지를 보낸다. 방송은 그 호응을 받아 광고수입을 올린다.

세 번째 문제는 집합의 저널리즘(*journalism of aggregation*)이다. 인터넷 포털은 모든 방송, 신문, 인터넷, 외국뉴스의 정보를 한데 모은다. 코바치와 로젠스틸은 구글은 정보를 모으는 일로 세계에서 가장 힘센 기관의 하나가 됐다고 말하고 이들은 뉴스를 생산하지도 검증하지도 않는다고 비판했다. 뉴스를 검증하는 것은 뉴스소비자의 몫이 됐다.

2. TV뉴스의 미래

TV뉴스의 미래는 어떻게 될 것인가? 이제 사람들은 인터넷을 통해 실시간으로 쉽게 기사를 접한다. 기사를 읽고 퍼 나르고 스스로 기사를 만들어 전파한다. 온갖 정보가 인터넷, 모바일 공간에 떠다닌다. 전통미디어의 역할은 점차 위축된다. TV뉴스는 살아남을 수 있을 것인가?

영국의 공영방송 BBC는 자사 홈페이지를 통해 공개한 〈뉴스의 미래〉(*Future of News*)에서 인터넷 시대에 뉴스는 적어지고 잡음은 늘어난다고 비판했다. BBC는 "인터넷 시대에 정확하고, 공정하고, 통찰력 있고, 독립성을 갖춘 뉴스의 필요성은 더 크다. 앞으로 '기술', '뉴스기사', '사람'의 3가지 면에서 저널리즘을 강화하겠다"고 밝혔다. BBC의 지향은 저널리즘의 원칙을 굳건히 지키는 것이다.

저널리즘 역사가 스티븐스(Stephens, 2014/2015)는 《비욘드 뉴스》(Beyond News)에서 미래 언론은 사실보도를 넘어 해석과 분석을 강화해야 한다고 주장했다. 그는 단순한 사실보도를 19세기 프랑스의 사실주의 화가 메소니에(Ernest Meissonier)에 비유했다.

메소니에는 실물을 정밀하게 묘사해 '당대의 거장'으로 불렸으나 사진의 등장과 함께 잊힌 존재가 됐다. 미술계의 흐름은 깊이를 강조하는 인상파로 넘어갔다. 스티븐스는 디지털 미디어 시대에 단순보도로는 경쟁력을 갖기 어려우며 현실세계에 대한 이해를 강화하는 품질 높은 뉴스보도를 지향해야 한다고 말했다. 그는 이러한 저널리즘을 '지혜의 저널리즘'(wisdom journalism)이라 명명했다.

TV뉴스의 미래는 뉴스의 깊이에 달렸다. 단순보도에서 심층보도로, 사실전달에서 사실분석으로 품질을 높여가는 노력이 필요하다. 불확실한 정보가 범람하는 시대에 TV뉴스가 좀더 심층적, 과학적 방법으로 진실에 다가갈 때 시청자의 신뢰를 얻을 것이라 확신한다. 심층적이고 과학적인 뉴스, 그것이 '세상을 보는 뉴스'이다. 이 책이 방송 저널리스트를 꿈꾸는 젊은이와 현장기자에게 좋은 길잡이가 되고 TV뉴스의 발전에 작은 밑거름이 되기를 소망한다.

권봉운, 2013, 《헤밍웨이의 삶과 언어예술》, 서울: 한결미디어.

김수정, 2003, "뉴스 객관성의 영상화: 한국과 미국의 환경뉴스 사례의 비교연구", 〈한국언론학보〉, 47(5): 363~384쪽.

김용규, 2014, 《생각의 시대》, 파주: 살림.

김 훈, 2011, 《흑산》, 서울: 학고재.

남궁근, 2012, 《정책학》, 법문사.

송상근·박재영, 2009, 《뉴스토리 뉴스타일》, 파주: 나남.

심석태·김호성·김재용·정필모·최문호·임장혁·강형철·윤태진·이민규·임대근, 2014, 《방송 뉴스 바로 하기》, 서울: 컬처룩.

윤호진, 2011, "글로벌 뉴스트렌드 분석: 6개국 저녁 메인 뉴스 프로그램 비교", 〈KOCCA 포커스〉, 2011-15: 1~35쪽.

이민웅, 1997, "사회과학적 심층보도를 지향해야", 〈신문연구〉, (64): 75~88쪽.

이인화, 2014, 《스토리텔링 진화론》, 서울: 해냄.

이재경, 2013, 《한국형 저널리즘 모델》, 서울: 이화여자대학교 출판부.

이종수, 1999, "텔레비전 뉴스영상 구성: 한국 텔레비전 뉴스의 시각적 이미지와 언어적 텍스트의 연관성 분석", 〈한국방송학보〉, (12): 219~252쪽.

임상규, 2012, 〈사회갈등, 사회통합에 대한 실태조사〉, 서울: 한국행정연구원.

장 일·이영음·홍석경, 2008, 《영상과 커뮤니케이션: 현대사회와 영상문화》, 서울: 에피스테메.

주창윤, 2015, 《영상 이미지의 구조》, 파주: 나남.

최항섭 · 강홍렬 · 장종인 · 음수연, 2005, "미래 시나리오 방법론 연구", 〈연구
보고〉, (18): 1~159쪽.

통계청, 2011, 〈장래인구추계: 2010년~2060년〉, 대전: 통계청.

한국언론진흥재단, 2016a, 〈2015 언론수용자 의식조사〉, 서울: 한국언론진흥
재단.

_____, 2016b, 〈디지털 뉴스 리포트 2016〉, 서울: 한국언론진흥재단.

현대경제연구원, 2015, "성장요인 분해를 통해 본 최근 한국경제의 특징", 〈경
제주평〉, 2016-34: 1~14쪽.

KB국민은행, 2016, KB주택가격동향, URL: http://nland.kbstar.com/
quics?page=B025966

ASR Limited, 2010. 8. 11, *Radioactive Seawater Impact Map*, Retrieved
from http://www.asrltd.com/japan/plume.php

Associated Press, 2008, *A New Model for News*, Retrieved from http://
apo.org.au/files/Resource/newmodel.pdf

Bartol, C. & Bartol, A., 2013, *Criminal and Behavioral Profiling*, Thousand
Oaks, CA: SAGE.

BBC, 2015, *Future of News*, Retrieved from http://newsimg.bbc.co.uk/
1/shared/bsp/hi/pdfs/29_01_15future_of_news.pdf

Berger, P. L., 1963, *Invitation to Sociology: A Humanistic Perspective*, 이
상률 (옮김), 1995, 《사회학에의 초대: 인간주의적 전망》, 서울: 문예
출판사.

Capote, T., 2013, *In Cold Blood*, 박현주 (옮김), 2013, 《인 콜드 블러드》,
서울: 시공사.

Chatman, S., 1980, *Story and Discourse*, Ithaca, NY: Cornell University
Press.

Davidson. D. 2008, *Stories In Between* [On-Line], Pittsburgh, PA: ETC
Press, Retrieved from http://press.etc.cmu.edu/files/storiesinbet
ween-drewdavidson-web.pdf

de Tocqueville, A., 1835, *De la démocratie en Amérique*, 임요선・박지동 (옮김), 1997, 《미국의 민주주의》, 서울: 한길사.

Descartes, R., 1637, *Discours de la méthode*, 이현복 (옮김), 1997, 《방법서설》, 서울: 문예출판사.

Dunn, A., 2005, Television News as Narrative, In H. Fulton (Ed.), *Narrative and Media*, Cambridge: Cambridge University Press.

Durkheim, D. E., 1897, *Le suicide*, 황보종우 (옮김), 2008, 《자살론》, 파주: 청아출판사

Einstein, A. & Infeld, L., 1938, *The Evolution of Physics* [On-Line], Cambridge: Cambridge University Press. Retrieved from https://www.amazon.com/Evolution-Physics-Albert-Einstein-ebook/dp/B0 0Z7538GQ

Epstein, E., 2011, *News from Nowhere Now* [On-Line], New York, NY: E. J. E. Publications. Retrieved from https://www.amazon.com/ News-Nowhere-Now-Television-ebook/dp/B0062M1ZFY

Film Education, 2013, *Storytelling on Film*, Retrieved from http://www. filmeducation.org/pdf/resources/primary/Storytelling_Resource_Fil mEducation.pdf

Forster, E. M., 2010, *Aspects of the Novel* [On-Line], New York, NY: Rosetta Books. Retrieved from https://www.amazon.com/Aspects-Novel-M-Forster-ebook/dp/B003XREL84

Giddens, A., Duneier, M., & Applebaum, R., 2003, *Introduction to Sociology*, 김미숙・김용학・박길성・송호근・신광영・유홍준・정성호 (옮김), 2007, 《현대사회학》, 서울: 을유문화사.

Graber, D. A., 1996, Say It with Pictures, *Annals of the American Academy of Political and Social Science*, 546 (1): 85-96.

Haiman, R. J., 2000, *Best Practices for Newspaper Journalists* [Electronic version], Arlington, VA: Freedom Forum. Retrieved from http:// www.slowburn.com/clients/fais/journalism/bestpractic es.pdf

Haller, M., 2001, *Das Interview: Ein Handbuch für Journalisten*, 강태호 (옮김), 2008, 《인터뷰: 저널리스트를 위한 핸드북》, 서울: 커뮤니케이션

북스.

Halpern, D. F., 2014, *Thought and Knowledge: An Introduction to Critical Thinking* (5th ed.), New York, NY: Psychology Press.

Hansen, K. A., 1991, Source Diversity and Newspaper Enterprise Journalism, *Journalism Quarterly*, 68: 474-482.

Harcup, T., 2009, *Journalism: Principles and Practice* (2nd ed.), 황태식 (옮김), 2012, 《저널리즘: 원리와 실제》, 서울: 명인문화사.

Hart, J., 2011, *Storycraft*, 정세라 (옮김), 2015, 《논픽션 쓰기》, 파주: 유유.

Hemingway, E., 1929, *A Farewell to Arms*, New York, NY: Grosset & Dunlap.

———, 1932, *Death in the Afternoon*, New York, NY: Charles Scribner's Sons.

Huntington, S. P., 1993, *Clash of Civilizations and the Remaking of World Order*, 이희재 (옮김), 1997, 《문명의 충돌》, 서울: 김영사.

Ingram, D., 2012, *The News Manual*, Retrieved from http://www.thenewsmanual.net

Itule, B. D. & Anderson, D. A., 2008, *News Writing & Reporting for Today's Media* (3th ed.), Boston, MA: McGraw-Hill

Knight International Press Fellowship, n. d., *Handbook for Television News Broadcasters*, Retrieve from http://www.icfj.org/sites/default/files/Broadcast_English.pdf

Kovach, B. & Rosenstiel, T., 2010, *Blur: How to Know What's True in the Age of Information Overload*, New York, NY: Bloomsbury.

———, 2014, *The Elements of Journalism* (3rd ed.), 이재경 (옮김), 2014, 《저널리즘의 기본원칙》, 서울: 한국언론진흥재단.

Laird, D. & Schleger, P. R., 1985, *Approaches to Training and Development* (2nd ed.), Reading, MA: Addison-Wesley.

Lutz, W., 1996, *The New Doublespeak*, New York, NY: HarperCollins.

McClanahan, R., 1999, *Word Painting*, Cincinnati, OH: Writer's Digest Books.

Mill, J. S., 1843, *A System of Logic Ratiocinative and Inductive* [On-Line],

London: Harrison and Corp. Retrive from https://books.google. co. kr/books?id=y4MEAAAAQAAJ&redir_esc=y

Moses, J. W. & Knutsen, T. L., 2007, *Ways of Knowing*, 신욱희·이왕휘·이용욱·조동준 (옮김), 2011, 《정치학 연구방법론》, 서울: 을유문화사.

Polya, G., 2014, *How to Solve It: A New Aspect of Mathematical Method* (2nd ed.) [On-Line], Princeton, NJ: Princeton University Press. Retrive from https://www. amazon. com/How-Solve-Mathematical-Princeto -Science-ebook/dp/B0073X0IOA/ref=tmm_kin_swatch_0?_encoding =UTF8&qid=&sr=

Randall, D., 2011, *The Universal Journalist* (4th ed.), London: Pluto Press.

Remler, D. K. & Van Ryzin, G. G., 2011, *Research Methods in Practice: Strategies for Description and Causation*, Thousand Oaks, CA: SAGE Publications

Restructuring Associates Inc., 2008, *Six-Step Problem Solving Model*, Retrieved from http://docplayer. net/290048-Six-step-problem-solving-model. html

Reuters Institute, 2016, *Digital News Report 2016*, Retrieved from http:// www. digitalnewsreport. org/survey/2016/south-korea-2016/

Schaefer, R., 2006, August, *A Time Series Analysis of Network News Editing Strategies form 1969 through 2005*, Paper presented at the Association for Education in Journalism and Mass Communication, San Francisco, CA.

Shadish, W. R., Cook, T. D., & Campbell, D. T., 2002, *Experimental and Quasi-Experimental Design for Generalized Causal Inference* [Electronic version], Belmont, CA: Wadsworth Cengage Learning. Retrieved from http://impact. cgiar. org/pdf/147. pdf

Starkman, D., 2014, *The Watchdog that didn't Bark*, New York: Columbia University Press.

Stephens, M., 2007, *A History of News* (3rd ed.), 이광재·이인희 (옮김), 2010, 《뉴스의 역사》, 서울: 커뮤니케이션북스.

_____, 2014, *Beyond News: The Future of Journalism*, 김익현 (옮김), 2015, 《비욘드 뉴스: 지혜의 저널리즘》, 서울: 커뮤니케이션북스.

Tompkins, A., 2012, *Aim for the Heart* (2nd ed.), Washington, DC: CQ Press.

Tuchman, G., 1978, *Making News*, 박홍수 (옮김), 1995, 《메이킹 뉴스: 현대사회와 현실의 재구성 연구》, 서울: 나남.

Tuggle, C. A., Carr, F. & Huffman, S., 2013, *Broadcast News Handbook* (5th ed.), New York, NY: McGraw-Hill.

Watson, J., 2016, *Media Communication: An Introduction to Theory and Process* (4th ed.), New York, NY: Palgrave Macmillan.

Williams, J. M., Colomb, G., 2006, *The Craft of Argument*, 윤영삼 (옮김), 2008, 《논증의 탄생: 글쓰기의 새로운 전략》, 서울: 홍문관.

Woodward, B. & Bernstein, C., 1974, *All the President's Men*, New York, NY: Simon and Schuster.

World Economic Forum, 2015, *The Global Competitiveness Report 2015-2016*, Geneva: World Economic Forum.

기타

인명

방송뉴스 기사쓰기

저자는 성실한 취재와 진실규명 의지도 필요하겠지만, 모범 포맷을 갖고 기사를 작성하는 기술 또한 매우 중요하다고 강조한다. 30년 가까운 방송기자 경험을 바탕으로 '방송뉴스 기사쓰기'에 관하여 기자가 알아야 할 노하우를 담은 표준 지침서이다.

임흥식(전 MBC) | 신국판·양장본 | 344면 | 18,000원

누구를 위한 뉴스였나 기자 김상균의 방송뉴스 돌아보기

영상뉴스 다변화 시대에 '공중파 방송'이 맡아야 할 역할은 무엇일까? 그리고 다양한 형식 속에서도 지켜야 할 '뉴스의 본질'은 무엇일까? 32년간 MBC 기자로 재직한 저자는 그 답을 찾기 위해 자신 그리고 방송이 걸어온 길을 되돌아본다.

김상균(전 광주 MBC 사장) | 신국판·양장본 | 456면 | 25,000원

한국방송 뉴스룸

KBS 보도본부장을 역임한 저자가 30여 년간 방송 현장에서 겪은 경험을 바탕으로 한국방송 뉴스룸에 대한 통찰을 깊이 있게 담아냈다. 저자는 현장에서 겪는 프로그램의 공정성 문제와 공영방송의 제도적 취약점을 지적하면서도 더 나아질 수 있다는 희망을 놓지 않는다.

이화섭(전 KBS 보도본부장) | 신국판·양장본 | 436면 | 32,000원

지리산에서 당신의 삶에게 보내는 작은 쉼표 하나
구영회 (전 삼척MBC 사장)

사라져 아름답다
은퇴할 사람들과 은퇴한 사람들에게 띄우는
세 번째 지리산 통신
'인생의 가을'에 떠나는 깨달음의 여행
46판·양장본 | 264면 | 14,000원

힘든 날들은 벽이 아니라 문이다
미래가 불안한 청년들을 위한 지리산 세레나데
대한민국의 고단한 청춘들에게 바치는
전직 방송 언론인의 희망가
46판·양장본 | 248면 | 12,500원

나남 nanam www.nanam.net | 031-955-4601